国際協力
治水インフラ整備の現場から

浦上将人
Masato Urakami
高橋 裕＝序文

鹿島出版会

序文

本書『国際協力――治水インフラ整備の現場から』は、昨年（二〇一二年）一月末、帰らぬ人となった浦上将人君の、ＯＥＣＦ（海外経済協力基金）の開発技術部開発第三課課長代理としての二年間の奮闘記録である。一九九五（平成七）年四月から二年間のうち延べ二四一日、一八回の海外出張の訪問国一二カ国（延べ二三カ国）であった。この貴重な海外経験は、本人にとってかけがえのない国際体験であるとともに、その記録は、今後のわが国にとって、多くの示唆を与えるのみならず、汲めど尽くせぬ教訓を我々に与えてくれる。

訪問した国々のその当時の状況は、国ごとにそれぞれ著しく異なり、そのまっただ中に身を処した浦上君は、青年らしい鋭い感受性と限りない多面的な好奇心に支えられ、国際技術協力に対する洞察力を磨き上げた。貴重な経験の数々と、仔細な調査と鋭い観察力によってまとめ上げた価値ある記録である。

レバノンを訪ねた時は、内戦終結直後、日本大使館も再開したばかり、市街戦や艦砲射撃の跡も生々しかった。ガンジス川とブラマプトラ川によって形成されたガンジスデルタの国バングラデシュは、ガンジス川の洪水、ベンガル湾沿岸を襲うサイクロンによる高潮、それに気候変動による海面上昇が加わる災害大国である。ガンジス川下流域に位置するこの国を訪ねた浦上君は、国土の五分の一が毎年のように水没することに同情を禁じ得ず、この苦況を日本の技術力で何とかできないかと思いを巡らす。スリランカでは、大統領府への爆弾テロ未遂事件が起きたばかりであった。フジモリ政権下のペルーでは、空軍ヘリでアンデス山脈中腹、標高四七〇〇メートルの分水トンネル建設予定地へ出かけた際、ゲリラ組織による地対空ミサイル攻撃を警戒しながらの飛行であった。このような状況下での調査は、複雑な国際情勢下、宗教、人種、貧富、自然環境、社会体制の異なる条件で、日本国内でのインフラ調査とは根本的に異なることを肌で感じた。これらの国々での調査経験が、浦上君の国際感覚を育て、おそらく人生観、技術の在り方にも至大な影響を与えたであろう。この二年の世界を飛び回った体験が、彼の人物を大きくし、粘り強くも逞《たくま》しい資質を育てたといえよう。

私も一九九〇年代から二〇〇〇年代初頭の現役時代、毎年八回以上、海外出張したが、そのほとんどが、国際会議、国際シンポジウムなどであった。もっとも年一回、同志と世界の川を見学して回ったが、それも主として大都市を擁する大河川の中下流域であった。川の源流である上流山岳地帯はほとんど訪ねていない。彼のように、国際政治に翻弄され、あるいは過酷な自然環境に喘《あえ》ぐ人々に直に接したことは、極めて稀であった。このような国際的修羅場を、しかも、彼らをどのようにして救えばよいかを考えつつ、若い感覚で接し、それを克明に記録した意義は限りなく大きい。

この記録は、良心的日本人技術者の現代的愛国心の吐露《とろ》である。現代的愛国心とは、人類愛に基づいて、祖国の立場を考え、国際紛争や自然災害、そして貧困に苛《さいな》まれている人々をどのように救えるかの姿勢であって、他の国々を憎んだり、卑下するものであってはならない。浦上君の開発途上国とその人々を視る目は、まさにそのような立場に立って日本の現状を眺め、日本人は、これら難局にどう立ち向かうべきか、この報告の端々に滲み出ている。海外技術協力の内幕にもふれた彼は、日本の対外援助協力の姿勢が、あまりにもお人好しではないかと憂える。したたかに、自国の一方的利益を求める国々の国際現場に接すれば、率直な感想であり、そこで日本はどうあるべきかに悩む。良心的愛国者の避けられない苦闘の心情も、この記録の処々に垣間見える。

この二年の得難き経験を経て、一段と磨きがかかり、包容力と識見を蓄えた浦上君は、一九九八年一一月、建設省中部地方建設局（現・国土交通省中部地方整備局）三峰川総合開発工事事務所長となって約二年半、天龍川治水の重要な一環としてのダム湖の堆砂対策に挑む。天龍川上流部に東側から流入する三峰川に、一九五九年完成した多目的ダムの美和ダムは、予想を上回る堆砂の対策が緊急を要していた。三峰川上流に新たに戸草ダムを建設して、そこに土砂を止め、美和ダムの堆砂は、四三〇八メートルのバイパスを掘削し、そこを通してダム直下流に運ぶという、その当時では画期的堆砂対策であった。

この三峰川総合開発の責任者となった浦上君は、その工事の遂行、戸草ダム建設に伴う関係住民との対話はもとより、「三峰川講座」を開設し、住民との高次の対話実現に成功した。その講座は、南アルプスの自然の素晴らしさを研究する場として、写真家、野鳥、土砂災害の専門家を次々と講師に招き、受講者にはその証明書を渡していた。事務所主催のこの前例のない講座を、二一世紀の伊那谷を考える会、三峰川みらい会議、中部建設協会が後援した。

流域住民との会話を通して、住民との関係を重視する姿勢は、その後、北海道開発局、中国地方整備局岡山河川事務所長、そして鳥取県県土整備部次長の際にも変わらなかった。岡山の所長勤務の折、私も岡山を訪ね、旭川などの現場をご案内頂いた際にも、地域との連携に熱意を注ぎ、流域住民との対応を熱っぽく語って下さった。常に関係住民、あるいは立場の弱い者への暖かい視線は、河川技術者の偉大な先輩宮本武之輔の心情とも一脈通ずるものを、私は感じた。生涯を通して技術者のあるべき姿を追い続け、技術者の地位向上を叫び続けた宮本武之輔も一九四一年一二月、四九歳で惜しまれつつ世を去った。

鳥取県勤務中、浦上君はガンの宣告を受けた。しかも、すでにかなり進行中という悲報であった。天はどうしてこうも情け容赦のない仕打ちを下すのか。

葬儀で弔辞を述べた渡部潤一さん（国立天文台副台長・教授）は、浦上君の地文研究会の仲間であった。手作りのプラネタリウムの構造設計が彼の担当で、それが東京大学総長賞を受けたという。一緒に星を見るのが楽しみだった友人は、「今頃は、君も好きだった星になって、何万光年も彼方へ行ってしまったのかい？　星の世界でやすらかにお眠り下さい。」と、お別れの言葉を結んでいた。

同じく、当日に弔辞を述べた関克己さん（国土交通省水管理・国土保全局長）は、国交省の各現場での浦上君の独特で創意に満ちた成果を具体的に紹介し、「君は、職場において常に仕事に厳しく、しかも真摯に情熱を持って取り組んだ。いつも自らの考えを熱く語り、熱心に部下の指導をし、厚い信頼を集めていた。部下や周りの人たちの意見に耳を傾け、議論をし、確実に成果を挙げてきた。」と、限りない惜別の情を語った。

まことに、浦上君と永遠に別れて、国交省はもとより、わが国はかけがえのない貴重な人材がこの世を去ったと痛感する。彼に続く人々が、国際感覚を持って独創的な業績を挙げることこそ、彼の遺志を継ぐ道である。

高橋 裕（東京大学名誉教授）

二〇一三年一月

はじめに

「猿岩石」そして「ドロンズ」。ご記憶にまだ残っているでしょうか。「進め！　電波少年」に出演した芸人さんたちの名前です。訳もわからず突然日本から連れ出された二人が、アジア大陸や南北米大陸を旅する（引き回されている？）番組の主役を……。そして、その主役の二組の芸人さんたちの珍道中が日本で放映されていた頃を……。

本書で記述した主たる内容は、一九九五（平成七）年四月から一九九七（平成九）年三月にかけてのことです。私は東京を拠点にして、文字どおり世界を「股に掛けて」飛び回っていました。当時はペンネーム「世界の旅人」を自称し、自他共に認める「東京トランジット生活」を送っていたのです。時折日本で彼らの出演する番組を見て、「あ〜、あそこ。行った、行った」と、いうこともありました。ただ違うのは、彼らの旅は、世界の普通の人々の暮らしを見聞きして、それを日本に紹介する旅。一方、私の旅は、相手国政府を介して底辺から這い上がろうとする無数の人々、あるいは将来をあきらめかけている無数の人々の心に希望の火を灯す旅。

援助の世界で特定の国に詳しい専門家は国土交通省にも結構沢山います。でも私はそうではありません。外務省やＪＩＣＡを経由して各国へ派遣されている大使館の書記官や派遣先の政府機関内に席を置く技術専門家などと違って、私は極めて短期間に多数の国を渡り歩くＯＥＣＦの技術専門家として同時代の世界を見、肌で感じることができるというある意味特別なポジションにいました。その意味で相当複眼的なものの見方ができる立場にあったと思います。もちろん私には与えられたミッション（任務）があります。一言で言えば、それは相手国政府から要請のあった河川改修、ダム建設、下水道整備、水環境改善などの「水」分野に関する社会資本整備プロジェクトに対して融資の可否判断を行うこと、つまり「円借款《えんしゃっかん》」供与の是非を審査することです。ただ単に「審査」といってもご理解いただけないと思うので、ここで「審査」の中身をもう少し詳しく説明しておきましょう。

通常は相手国政府の責任により、事前に調査レポートが作成されています（この事前調査レポートはＪＩＣＡや他国政府の技術支援により作成されるのが一般的ですが、最終的な責任は被援助国政府が負うことになります）。このレポートのチェックに始まり、適用している技術基準の妥当性、工事そのものやコンサルタント雇用等のプロジェクト費用の算出、工事発注ロットの区切り方、プロジェクト全体のスケジュール、さらには聞き慣れない言葉でしょうが、内部収益率と呼ばれる投資効果を確認し、最終的にはファイナンスの可否についてまで、その場で判断しなくてはならないという非常に幅広くかつ責任も重いものでした。プロジェクト費用の大きさの点でも数百億円に達する大規模なものもあります。だからこそ、本当に相手国政府がプロジェクトを実行する意思と能力を有しているのか、その感触を短い審査期間中につかむことは極めて重要で、審査の場面でそのための真剣な議論をその都度繰り広げてきました。

ところで、各国政府は国際的な技術援助や資金援助を行っていますが、そこでは「環境案件」というカテゴリーがあります。このカテゴリーに指定されると、そのプロジェクトが当該国民の生活環境改善につながるものと定義されていることを意味します。そしてこのカテゴリーに分類されるものは「低利融資対象プロジェクト」として、鉄道や空港、発電所建設等の本来なら商業ベースにのせて実施してもよいようなプロジェクトとは区別して、低い利率での融資条件が設定されます。先に私の担当として述べた河川改修やダム建設についてはどう扱われているのでしょうか。日本では環境破壊の元凶のような扱いを受けているプロジェクトですが、援助の世界での基準では正反対です。その国の国民に対して、洪水からの安全度の向上や水資源確保による衛生環境の改善が達成されるという意味において、立派に「環境案件」として認められているのです。この大きなギャップは、日本国内では一定の水準の安全度を確保しているがために、国民にとってはもはや今の水準が当たり前になってしまい、その有り難さに気がつくこともなくなってしまったために生じたのではないかと思います。

本書の第一章では、国際競争に勝ち抜くためには欠かすことができない社会資本であるにもかかわらず、遅々として整備が進まない現状について、私の思うところを綴っています。次に第二章と第三章では、私が円借款に関わるようになるまでの経緯を、第四章から第八章では「水」分野の社会資本整備に係る円借款プロジェクト審査を中心に訪れた国々で、私が見聞きしたこと、感じたこと、心に残ったことを書き綴っています。併せて各国で実際に携わったプロジェクトの概要を紹介しています。最後の第九章ではOECFで援助の仕事に携わり、世界を飛び回っていた二年の間に見えてきたものをまとめています。

本書が読者の皆さんに、今日とかく批判されることの多い社会資本整備について改めて考えてみる縁《よすが》になることを期待しています。それでは世界の「水」を巡る旅をお楽しみください。

二〇一一年秋

浦上将人

目次

第四章

東南アジア編

第五章　南アジア編

第六章

中近東・アフリカ編

第七章

南米編

第一章
発展停止国家「日本」

「ナリ〜タ、トオ〜イ」

一九九一（平成三）年のJR東日本の成田エキスプレス（以下、NEX）のコマーシャルだったでしょうか。確かに京成スカイライナーが、一九七八（昭和五三）年の成田開港時点で既に空港と都心の間を約一時間で結んではいましたが、上野や日暮里での乗り換えもあり、重いスーツケースと一緒の人には不便と感じられる状況でした。私が東京ベースに出入国を繰り返していた頃にも、最初は気にならなかった成田空港の都心とのアクセス性の悪さ、とりわけ帰国時の不便さ、というより煩わしさがいつしか気になり始めました（我がままを言わせていただくなら、NEX供用後でも私には今でもまだまだ不便に感じられて仕方ありませんが）。ではその元凶は何なのでしょう。そして、NEXという鉄道新線はどのような経過を経て登場したのでしょうか。少し調べてみましょう。

失われた二〇年それとも三五年

いきなり私事になりますが、私の父は日本国有鉄道の技術屋、とりわけ停車場つまり駅舎部周辺整備のプロでした。「でした」と言うのは、当然とうの昔に国鉄を退職しているからです。父の国鉄退職は一九八一（昭和五六）年でした。でも時を越えて実はＮＥＸの下地作りにほんの少しかかわっていたのでした。そして少々大げさですが、そのことが我が家の行く末に多大な影響を与えたのでした。

話は時をさかのぼります。今から約四〇年前の一九七二（昭和四七）年五月。父は配置転換で国鉄大阪工事局（大工《だいこう》）から東京第一工事局（東一工《とういちこう》）へと異動となったのです。そのきっかけが成田新幹線でした。前年一月と四月に運輸大臣により全国新幹線鉄道整備法に基づく基本計画および整備計画が相前後して告示され、さらに翌年二月には工事実施計画が運輸大臣により認可された直後でした。当時、西では山陽新幹線、東では上越・東北新幹線と国鉄技術陣が総力を挙げて全国新幹線網の建設に邁進していました。そのため、国鉄の工事部門の多くが西へ東へと民族の大移動をしていたのです。

私がこの世に生を受ける前から大工に勤務していた父は、それまで大阪環状線の全線高架化の大規模プロジェクトなどに携わってきましたが、そんな父に声がかかり、成田新幹線建設要員の一人として異動が決まったのでした。ただ当時の国鉄の異動の仕組みは今日のサラリーマンの転勤のイメージと全く異なります。というのは、目的がプロジェクトの遂行なので、チームを組んで集団で異動し、持ち場を任されるという仕組みであったそうです。とはいえ、両親の郷里は共に岡山で、箱根の山を越えて関東へ出稼ぎに行くなど、全く想像もしなかったそうです。そして当然プロジェクトが完成すればまた関西に戻るつもりだったそうです。

そして一九七四（昭和四九）年に着工。成田空港の地下ターミナル（一万四〇〇〇平方メートル）は用地問題がなく、新幹線フル規格での駅舎部は支障なく完成しました。しかし、問題は東京都の美濃部知事でした。都民が一人でも反対するのなら知事としても新線建設に反対するとの意思を表明したのでした。当時は公害問題が花盛りでした。地元では新幹線建設は騒音つまり公害を引き起こすこと、そして地元に駅ができるわけでもないので、地元に利益がないことを理由にして、東京や千葉で反対運動が起きていました。結局、成田新幹線は、ターミナル駅と用地買収ができた空港付近の一部の区間等で路盤や高架橋を作りかけ、一九八三（昭和五八）年に事実上の中止となったのでした。さらに法律の上でも、一九八七（昭和六二）年の国鉄民営化により、基本計画が失効して完全に消滅したのでした。父はというと、工事が難航することが明らかになってきたことに伴い、成田新幹線要員を縮小するとの方針転換がなされ、わずか一年で再び都内で横須賀線地下化工事要員として異動となっていました。

以上のように成田新幹線は立ち消えになりましたが、新線建設はその火を消すことはありませんでした。そして紆余曲折を経た後に、一九八七（昭和六二）年に石原慎太郎運輸大臣からの指示により、成田新幹線の遺産を活用して、ＪＲ線を成田空港に乗り入れる案が実行に移されたのでした。そして基本計画の決定から二〇年の時を経て、ＪＲ東日本と京成電鉄との高速化競争の狭間でＮＥＸがデビューし、ようやく空港駅舎部は息吹を与えられたのでした。その一方で、スピード競争は終わることなく、二〇一〇年七月一七日には京成電鉄の成田スカイアクセスが一部北総鉄道区間を利用しての運行を開始し、ついに日暮里〜空港第二ビル間を三六分で接続したのです。今頃になって成田〜東京〜羽田を新幹線で結ぶ話が再浮上していますが、実に皮肉なものです。個人的な見解ですが、ここまで時間短縮されると、もはや成田新幹線の目はないと思ってよいでしょう。

いかがでしたか。一九九〇年代のバブル崩壊後の「失われた一〇年」どころの話ではありませんね。ＮＥＸこそ「失われた二〇年」、そして成田スカイアクセスはその上を行く「失われた三五年」と言えるでしょう。わずか六五キロの高速鉄道の建設にこれだけ長い時間と多くの土木技術者の手をかけねばならない実態。実行すれば必ず国力増強に寄与するにもかかわらず、迷走を許すこの国の実態。この国の現状を私は極めて残念ながら〝発展停止国家「日本」〟と呼ばざるを得ないと思うのです。

羽田ハブ（二〇〇九年九月、前原大臣衝撃発言）

・「羽田空港を二四時間国際拠点空港化していく」

羽田の国際化は、成田空港との関係の中で長らくタブーとされてきましたが、二〇〇一年森内閣の扇大臣時代に限定的ではあるものの解禁されました。しかし、前原大臣発言が注目されるのは、これまで国際線は成田、国内線は羽田という棲み分けが陰に陽にあったからです。その背景は成田空港開港に至るまでの長い歴史の中にあります。

日本の空の玄関口と自他共に認められている成田空港は、一九七八（昭和五三）年五月二〇日に開港しました。開港までに紆余曲折があったことはよく知られていますが、現在でもまだ拡張に不可欠な用地取得に問題を抱えたままです。二〇〇七年現在では発着回数一日約一八万九〇〇〇回、旅客数三五五〇万人で、数の上では共に羽田空港に次ぐ国内第二位の空港です。世界の目で見ると貨物取扱量こそ二二五万トンで世界七位ですが、旅客数は第二四位でしかありません。なぜでしょう。現在の成田は片肺なのです。つまり、四〇〇〇メートルと二五〇〇メートルの滑走路がそれぞれ一本あるのですが、同時平行離着陸ができないのです。つまり、せっかくの二本の滑走路を十分に活用できない状態が長く続いているのです。二〇〇九（平成二一）年一一月になって、ようやく米国の調査会社による調査結果から同時離陸が可能であることの結論が出たと報道されました。これにより将来の発着回数は三〇万回にまで増やせる見込みが立ったようで、遅ればせながらではありますが、成田空港の活性化に向けて非常によい話だと思います。

実は、私にはサンフランシスコ国際空港（ＳＦＯ）での鮮明な記憶があります。それは南米最大の都市ブラジル・サンパウロへの出張を終えての帰国の旅の途中のことでした。

私が乗っているのはマイアミ発ＳＦＯ行きのアメリカンエアー便。すでにＳＦＯへの着陸態勢に入っていることがアナウンスされています。ところが、窓には別の機影が。しかも徐々に近づいてきます。「ニアミス？」一瞬私はそう思いました。しかし、機長からは何のアナウンスもなく、機体は予定どおりといった風で徐々に高度を下げ続けます。やがて胴体に日の丸がはっきり見えるまで二機の機体は接近しました。どうやら成田発ＳＦＯ行きの日本航空便です。やがて、二機は寄り添うように平行滑走路に滑り込みました。そして、その次はＳＦＯ空港の出発ロビーで成田への日本航空便を待っている間のことです。次々と離発着を繰り返します。平行滑走路を二組持つＳＦＯでは、同時着陸、同時離陸など当たり前なのです。何度も繰り返されるその光景を眺めていました。恥ずかしながら、この時の私の感想は「やっぱりアメリカはすごい。国力が違う」までで留まり、成田空港が直面している諸課題に思いをはせるところまでには至りませんでした。

今、成田が永い眠りから覚めようとしています。二〇〇九年一〇月の前原国土交通大臣の羽田ハブ空港発言に端を発して、成田空港周辺自治体が急にざわめき立ち始めたのです。非常に良いことだと思います。同年一二月「成田空港緊急戦略プロジェクト会議」が開催されました。地元自らが「国策の犠牲という立場」から、「成田空港を有効活用する立場」へと大きく舵を切ったのです。これまでわが国は片肺、つまり滑走路一本でチャンギ（シンガポール）、香港、上海浦東（中国）、仁川（韓国）と戦ってきたのです。そして、その解消に向けてようやく動きが出始めたのです。特に仁川には航空自由化とも相まって、国内地方空港との路線を次々に開設され、本来成田が担うべきハブ機能を完全に奪われているのが実情です。今後の成田空港の発展と活躍が、わが国の国際競争力の回復、強化につながることを大いに期待したいものです。

もう一つの国際競争力「港湾」

空港と対になるのが港湾です。そして日本の港湾と言えば、神戸港、東京港で、一昔前はアジアを代表する港湾でした。小学校の社会科でもそう教わりました。しかし、阪神・淡路大震災の発生と軌を一にして、神戸は地盤沈下が始まり、東京港など他の主要な港湾もその地位を落とす一方となりました。一つには相対的にアジアにおける日本の地位が低下してきたこと、そして貨物の形態の変化と船の大型化の潮流にわが国が乗り損なったことがその背景にあると言えるでしょう。量において、世界の工場と化した中国の優位性は致し方ないでしょう。しかし、国際競争力の回復、国内経済の活性化のためにも、上海や釜山にトランシップされている貨物を集荷する国内ハブ港湾を育成し、フィーダー（支線）化してしまったわが国離発着の航路のステータスの回復が喫緊の課題です。わかりやすく日本の鉄道の場合に置き換えて言えば、東海道・山陽新幹線が世界の主要港間を結ぶ航路だとすると、ローカル線が東南アジア主要港と日本の主要港を結ぶ航路という構図になるわけです。

遅ればせながら最近、国土交通省内に国際コンテナ、国際バルクに関する戦略港湾検討委員会が各々立ち上げられ、議論が急ピッチで進められています。方向性は間違っていません。重要なのはスピード感とユーザーのニーズへのマッチ。そして、国家の強い意思。こちらも今後に大いに期待したいと思います。

成田は漁港？

貿易港といえば海の港を想像されるでしょうが、空港も貿易港、つまり港の扱いです。したがって成田空港も貿易港です。実は成田空港はマグロなどの魚介類の取り扱いが結構多いのだそうです。二〇〇三(平成一五)年の通関量は七万一九二四トンで、この数字は第八位の長崎県松浦港に次ぐ取扱量になるそうです。「成田漁港」の異名を持つ由縁です。

社会資本整備の行方

古今東西、国の国力の維持、発展には社会資本の整備と維持が欠かせないことは明らかです。近年の著作の代表例は、塩野七生氏の『ローマ人の物語』でここに集約されていると言っても過言ではないでしょう。ではなぜ、わが国でそのような議論が深められないのでしょうか。

一義的には、私には毎年の国の予算額の大きさにマスメディアが囚われ過ぎているからだと思えてなりません。国の一年間の予算のシェアの何パーセント。他の欧米先進諸国と比べて大きいなどなど。何かと比べることで絶えずその大きさを評価しようとしています。しかし、本当に必要なのは、我々行政に携わる者、とりわけ技術屋だけでなく、整備される社会資本整備のユーザーも一体となって、「日本をこんな勢いのある国にするためには、こんな施設がこんな規模でここに必要なのだ」と、国民に対して明確に語ることだと思うのです。なぜならば、産業の国際競争力強化に欠かせない空港、港湾、道路、鉄道などの世界の整備水準とその動向。食料安全保障の観点から見た水資源開発や農業基盤の持続可能性。このような重要な指標抜きにすべてが予算額の大きさで片付けられているのが現実だからです。

それにしても単価が高いとまだ文句を言うのなら、有識者やメディアの大好きな欧州の国、英国の話を一つしてみたいと思います。ゴルフは英国紳士のスポーツとされています。そのゴルフのルールは個々人の身体能力の差を考慮しています。そう、ハンディ・キャップです。急峻な地形や脆弱な地質は元より、地震や風水害の多い日本の国土の条件をハンディと考えてよいのではないでしょうか。日本語で俗に言う「下駄を履かせる」という考えはできないものでしょうか。

自分に都合の良いことだけ取り上げ、それ以外はほっ被《かむ》りというのはいただけません。日本の社会資本整備がどんどん遅れていくなかで、今何が欧米で起きているのか目を向けてほしいと思います。先進各国は自国の成長のために明らかに社会資本整備費の増額へと舵を大きく切り替えているのです。道路や鉄道の整備計画も、最近でも上乗せの見直しをしているのです。欧米の過去のトレンドを見るのではなく、彼らが国益のために今何をなそうとしているのかをメディアはしっかりと伝える義務があると思うのです。このままでは日本は再び一九二一（大正一〇）年、ワシントン海軍軍縮条約以前の三等国家に成り下がる。

これが私の杞憂に終わることを、切に切に願うばかりです。

参考文献

・塩野七生『ローマ人の物語X』新潮社、二〇〇一年
・大石久和『国土学再考』毎日新聞社、二〇〇九年

第二章
ドキュメント①「円借款への道」

伏線

「ちぇっ、何だよ。そんなことなら最初から希望なんて聞くなよな」。私は近畿地建の対応を苦々しく思った。話の発端は次年度以降の異動希望、特に海外への希望についての調書提出であった。一九九四（平成六）年秋。滋賀県企画部水政室で「琵琶湖総合開発事業」が終わりを迎えようとしているなかで、私は次の世紀につながる琵琶湖の新たな保全方策の検討に携わっていた。その際に湖沼保全に関する海外の文献にも接する機会があり、ＵＳＥＰＡ（米環境保護局）の存在を知った。渡米を勧めてくれた建設省の先輩もいて、それならばと希望調書を作成して提出したのであった。しかし、根本的な問題があった。希望時点で国家公務員でなければならないというのだ。「俺はもともと国家公務員だ」と、ぼやいたところで仕方がない。「苦手な英語も少し勉強したのに、海外には縁がなかったんだな」と、あきらめることとした。そして手元にはTOEIC六八〇点の成績表が残された。

日本最初で最大の上下流問題「琵琶湖総合開発」

日本国民なら誰でも知っている日本最大の湖である琵琶湖は、日本最古の湖でもあり、約四〇〇万年前に誕生したと言われ、南東から北西の方角に移動しながら今なお水深を深くしつつあります。つまり成長して(生きて)いるのです。河川として見ると集水面積三一七四平方キロメートル、貯水量二億七五〇〇万立方メートルですが、琵琶湖に直接流入する河川が一一八本であるのに対して、流出河川は淀川本川につながる瀬田川一本のみで、水を集めるのには都合が良いのですが、出口が限られているので治水対策が難しい湖となります(厳密には琵琶湖疏水があるので二本です)。自然環境面から見ると、固有種というそこにしか生息していない生物種が多数生息しており、極めて貴重な生態系を有しています。さらに、社会資本として見ると、近畿地方一四〇〇万人の「水がめ」として阪神圏域に大量の用水を供給するダムの役割も担っていました。

高度成長期、関西圏は電力と同様に水資源の確保が喫緊の課題であり、下流の府県は少しでも多くの水が欲しい状況下にありました。しかし、洪水の際には状況は一変します。滋賀県側は琵琶湖の水を下げて沿岸の浸水被害を抑えたい、一方、下流の京都や大阪は洗堰を完全に閉じて自分の庭先の浸水被害を防止したい。そんな相反する想いが輻輳していました。さらに阪神圏の広域化に伴い滋賀県は人口が急増したうえに、近畿圏整備特別措置法では開発区域に指定されたために新規の工場立地も進められたため、徐々に琵琶湖の水質も悪化してアオコが発生し、淀川から水を取る阪神圏で、広域水道を介してまずい水が供給される事態にもなっていたのでした。治水面と利水面、そして環境面を一挙に解決しようと、建設省や関係府県の先輩方が動いたのでした。

一九七二（昭和四七）年六月。「琵琶湖総合開発特別措置法」が一九八一（昭和五六）年度までの一〇年の時限立法として公布されました。法律の目標は大きく三つあります。まず琵琶湖の保全で、これは水質の保全・改善と自然環境の保全です。下水道整備や湖内の浚渫などが中心になります。次に琵琶湖湖岸も含めた淀川水系の治水つまり洪水対策です。瀬田川洗堰の改築と操作規則の見直しを行います。そして最後に阪神圏広域の利水つまり水利用で、大阪府、兵庫県に最大毎秒四〇立方メートルの新規の水資源供給を行います。ただし、このことは琵琶湖を人為的に水位変動させることになるので、水位変動に対応できるように湖岸の様々な施設の整備をあわせて行う必要があります。最終の総事業費は一兆九〇五五億円となりました。これには下流負担金として大阪府や兵庫県からのある種の受益者負担金六六二億円が含まれています。なお、事業の最終段階の一九九六（平成八）年には、将来の琵琶湖の管理のための基金として、事業余剰金から琵琶湖管理基金が設立されました。

法律は事業の進捗をにらみながらその後二度の期間延長を経て、最終的に一九九六（平成八）年までの二五年間で期限切れとなりました。この間の最大のハイライトは一九九二（平成四）年の瀬田川洗堰操作規則の策定で、長期間にわたる上下流の利害対立の調整がようやく実現したものと言えるでしょう。関係された方々の多大な苦労と当時の状況を思うと、淀川水系を一緒に管理しようという大阪、京都、滋賀の三府県知事の今日の仲の良さは隔世の感があります。

参考文献

・浦上将人「地球環境時代の琵琶湖を考える」——その総合的な保全のための管理について、土木学会誌、一九九五年

・琵琶湖総合開発協議会『琵琶湖総合開発事業二五年のあゆみ』一九九七年

余勢

毎年、年が明けると春の人事異動に関する希望調書の提出要請がくる。しかし、これまで希望を書いてそのとおりになったことは一度もない。希望欄には「希望なし」と書くものだと忠告してくれる人もいる。でも、せっかく年に一度の個人的な希望を表明する機会をみすみす放棄する必要はあるまい。これまでも好きなことを書いてきた。今回はＵＳＥＰＡ門前払いの一件もあったので、我ながら大胆だとも思わないでもなかったが、なんと「できるだけ早い機会に海外に関係する業務に携わりたい」と、勢いで書いてしまったのである。

一九九五年一月一七日

一九九五年一月一七日、阪神・淡路大震災が神戸を襲った。神戸は私が物心つく以前から約一三年を過ごした街である。大津でもずいぶん揺れた。地震発生と同時にパッと目を覚ましたが、これまでの自身の経験から、「これは震度五はあるな」と直感した。事実、大津の震度はそのとおりであった。午前七時のNHKニュースでは、ヘリコプターからの映像で火災の煙が幾筋も立ち昇る様が流れている。阪神高速の高架橋が倒壊している映像も流れている。須磨は大丈夫だろうか。須磨こそが私が物心つく前から中学一年生の六月まで住んでいたところである。偶然にも就職後にさらに二年間、兵庫県に出向し、その際にも住んでいたのだ。気になる。

アナウンサーが一桁の死者数を報道しているが、映像を見てそんなに少ないはずはないと誰しもが思ったであろう。ニュースソースは行政機関だろうが、なんと間の抜けた数字であろう。二〇一〇（平成二二）年一月にハイチの首都ポルトープランスで大規模地震が発生したが、当初から死者は推定数万人以上と公表していた。正確を期したいという日本人の生真面目さなのだろうが、見方を変えると大局を見る目が欠けていることを象徴しているともいえよう。

私は、震災直後から自分が育った須磨そして神戸の変わり果ててしまったであろう姿をこの目で確認しておきたいと思った。そして初期の混乱が収まるのを見計らって、地震発生から一〇日後の一月二六日に休暇をとった。交通機関はまだ全面的には復旧していなかったので、阪神電鉄芦屋駅から国道二号沿いに西へ西へとひたすら歩くこととした。私には歩き通せる自信があった。高校時代に長距離を歩いた経験があったからだ。埼玉県立浦和高等学校恒例の行事として、晴れの特異日である一一月三日文化の日に、延長五〇キロメートル以上を半日かけて踏破する「強歩大会」を三年間毎年完走（完歩？）していたからである。芦屋から須磨までの約二一キロメートルの徒歩での移動には何の不安もなかった。ヘルメットに安全靴、マスクと軍手。デイバックには食料と飲料水。装備は万全だ。

阪神電鉄の芦屋駅を降りて国道四三号沿いに異動し、最初のポイントは東灘区深江の阪神高速橋脚倒壊現場。さすがに現場で実物を見るとすさまじい光景である。座屈して鉄筋がむき出しになっている。大学の卒業論文で橋脚の耐震設計の基礎研究のために、いくつかの模型を破壊する実験をしたことがある。しかし、実験では完全に壊れるところまで荷重をかけ続けたことはなかったので、地震による容赦ない破壊ぶりには圧倒された。倒れた橋脚で車線がふさがれているので、車道は狭くなり車が数珠つなぎである。徒歩のほうが早い気さえする。

橋脚の倒壊現場を離れ、自衛隊の救援拠点が設営された本庄小学校を横目に、さらに国道四三号沿いに歩く。人工島の下水処理場や阪神高速の橋脚をチェックしながら、石屋川の橋梁で北に進路を変え、阪神石屋川駅を経由してJR六甲道駅に向かった。電車が脱線停止している現場である。ガード部分の被災状況を確認する。ここから国道二号を西進し、JR三ノ宮駅周辺に出た。駅ビルの剪断ひび割れやそごうデパートの被災状況を確認した。そしてセンター街を抜け、大丸を横目にメリケン波止場へ出て、中突堤の被災状況を確認した。ポートタワーの建つこの岸壁から小学校低学年のときにＹＭＣＡのキャンプで小豆島や沼島に出かけたことが思い出された。岸壁で一息ついた後、再び国道二号を西進し、ＪＲ兵庫駅で山陽本線の北側に出た。ニュースでもよく報道された菅原通り商店街に立ち寄ろうと思ったからである。一面焼け野原である。まさしく空襲の後という表現が相応しい。ここまで来ると須磨まではあと一息。線路沿いの道を歩き続ける。新長田駅周辺も焼け野原になっている。そしてとうとう鷹取駅までたどり着いた。ここが子供の頃の生活圏の東の端である。気が引き締まる思いだった。

妙法寺川に沿うようにして南北方向に造られた阪神高速道路の村雨橋付近の高架橋。一本足の橋脚は被害もないように見えたが、門型の橋脚は二本足とも被災している。ねじれの力がかかったのだろうか。不思議な被災であると感じた。そして子供の頃を過ごした松風町付近。一見住宅に大きな被害はなさそうだが、耐震設計など全く施されていないであろう古い家屋では倒壊寸前というところもある。この家の住人は大丈夫だったのだろうか。

須磨まで歩ききった私は、須磨海岸の砂浜背後に造られた防波堤に腰を下ろした。子供の頃、毎週のように泳ぎ・釣り・野球をして遊んだ須磨海岸。そして須磨水族館（現在は須磨海浜水族園）。地震被害の大きかった三宮や新長田などと比べれば、須磨の被害程度は小さかったように見受けられた。子供の頃の記憶が蘇る。当時は須磨水族館の入口でウミガメが出迎えてくれた。そこから先に進むには、サメの泳ぐ水槽の上をまたぐ手すりしかない橋を渡らなければならなかった。

ここを通り抜けるのは最後まで怖かった。

陽が西に落ちかけてきた。「帰ろう」私は帰路である東行きのバスに乗った。そしてバスのリアウインドから見えなくなるまで須磨の町並みを眺めていた。「神戸は大丈夫。きっと立ち直る」願いを込めてそう心の中でつぶやいた。

兵庫県南部地震

阪神・淡路大震災を引き起こしたのが兵庫県南部地震です。震源は淡路島の津名郡南淡町で、地震の規模を表すマグニチュードはM七・三で、最大震度七の激震を日本で初めて記録しました。また大都市直下を襲ったという意味でも日本で初めての地震で、死者六四三四人、行方不明三人、負傷者四万三七九二人、建物被害六九万棟を記録しました。被害額は約一〇兆円とされています。二〇〇五(平成一七)年に発生するハリケーン「カトリーナ」によるニューオリンズを中心とした洪水被害にその座を譲るまでは、二〇世紀以降で最大の被害額でした。

自然災害① 二〇世紀以降の自然災害被害額ベストテン

土木学会誌の二〇〇〇年七月号に日吉信弘氏が「二〇世紀の巨大災害ベスト10」として損害額のベストテンを整

理されています。私はこの表に二〇〇一年以降のデータを加えて二〇世紀以降の被害額ベストテンを作成しました。二〇世紀では一位であった阪神・淡路大震災を抜いたのは二〇〇五年にニューオリンズを襲ったハリケーン「カトリーナ」です。このデータは二〇〇六年に国連の自然災害対策機関である国際防災戦略（ＩＳＤＲ）事務局が発表したものです。

この表からは上位一〇傑の災害原因事象は概ね洪水と地震で半々となっていること、米国が五つもランクインしていることが特徴としてわかります。併せて後述する《コラム》自然災害②（一三〇頁）とあわせて見て考えていただくと浮かび上がってくるのが、被災地域はアジア、被害額は米国という特徴です。余計なお世話かもしれませんが、米国の被害は被害額の上位一〇傑にハリケーンや洪水で四つランクインしています。客観的に見ても米国は治水事業にもっと力を入れるべきと言ってよいでしょう。

ところでハリケーン「カトリーナ」の一二五〇億ドルや阪神・淡路大震災の一二〇〇億ドルという被害は、ほぼ一瞬にして失われたものですが、これを資産として蓄えることは可能なのでしょうか。米フォーブス誌が世界の長者番付を毎年発表していますが、二〇一〇年版が同年三月一〇日に発表されました。これによると、メキシコの通信・メディア王として著名なカルロス・スリム氏が初めて首位に立ったそうです。首位争い常連の米マイクロソフト会長ビル・ゲイツ氏は第二位に、第三位には米著名投資家ウォーレン・バフェット氏が入ったそうです。

さて、資産額ですが順に五三五億ドル、五三〇億ドル、四七〇億ドルでした。上位二人は僅差でしたが、この三人の資産額を足すと一五三五億ドルで、二〇世紀以降最大の自然災害をもたらしたハリケーン「カトリーナ」や、それに次ぐ阪神・淡路大震災の被害額を凌駕します。被害額がすごいのか、資産額がすごいのか。非常に考えさせられる数字です。

参考文献

・日吉信弘「リスクファイナンスの位置付け」土木学会誌、二〇〇〇年

ＯＥＣＦ（海外経済協力基金）への召集令状

一九九五年三月中旬。その日は突然やってきた。とはいっても滋賀県に出向して丸二年が経過していたので、しかるべき人から電話がかかってくるであろうことは予期していた。大体、この手の電話は午前中の早い時間である。

「もしもし。近畿地建の坪香です。浦上君ですか。内内示です。本省河川計画課を経由してＯＥＣＦへの出向です。パリにあるＯＥＣＤではありません。内示まで誰にも話さないでください……」

「ありがとうございます。わかりました」

あとは上の空。どこにあるのか、何をする組織なのかさっぱりわからない。しばらく思考停止状態。

「ＯＥＣＦ？　そうだ、政府機関の合理化で近々輸銀（輸出入銀行）と合併するって最近新聞で読んだ。あそこだ」

早速名簿を見る。

「前任者は？　いる。加本さんだ」

第三章

ドキュメント②「平成の学徒動員」

ODA（政府開発援助）

・技術系公務員が銀行員に？

私が公務員であることを知っている人に「実は昔バンカーだったんだ」と言うと皆「えっ？」という顔をする。無理もないだろう。普通はあまり結びつかない仕事同士である。でも実際、「海外経済協力基金」通称「OECF」という組織を業種としてみるとお金を貸すのが仕事なので銀行となり、そこで働いていたのだからバンカー、つまり銀行員だったのである。しかしお金を貸す相手が普通の銀行と違う。企業や個人ではなく外国政府やそれに準じる機関なのである。

そもそも「海外経済協力基金」という漢字八文字の組織を、そしてこの組織が何を行っているのかを知っている日本人はいったいどれほどいるのだろうか。私自身、輸銀との合併で新聞を賑わすまでは全く意識したことがなく、ましてやそこに出向するなど夢にも思わないことだった。

では、なぜこの組織が存在するのだろう。先の大戦でアジア近隣諸国に多大な迷惑をかけたことは歴史が物語るとおりである。それならその損害賠償、つまり戦後賠償を行うために生まれた組織か、というと必ずしもそうでもない。戦後賠償とともに、わが国の戦後復興のためには内需だけではなく、外需も活用しようという色彩も併せ持った組織として発足したようである。

「海外経済協力基金」は、元々は一九五〇（昭和二五）年に日本輸出銀行として業務開始した。それが一九六〇（昭和三五）年の海外経済協力基金法の制定に伴い、翌年に日本輸出入銀行から分離してできた。それが特殊法人の統廃合で再び一九九九（平成一一）年に統合して国際協力銀行になったのである。しかし、組織設立当初から政府間援助の業務を行っていたわけではなかった。日本が初めて政府間援助を拠出したのは、一九五四（昭和二九）年に当時のビルマ（現ミャンマー）と結んだ「日本・ビルマ平和条約及び賠償・経済協力協定」に基づく賠償供与である。その後、フィリピン、インドネシアと経済協力が続くが、初期の政府間援助は戦後賠償の色彩が強かったといえよう。そして技術協力援助と合わせてプロジェクト本体に援助をすることで、日本企業が受注し、援助国の社会資本整備が進むとともに日本企業ひいては日本経済も潤うという構図が出来上がっていったのである。

・顔のない国「ニッポン」

ひと頃、「顔の見える援助」という言葉が流行ったことがある。国際援助の世界で「金だけ出して人が来ない」という批判に対して取り組み始めた施策のキャッチフレーズである。一九九一（平成三）年の湾岸戦争でも「金だけ出して人」つまり自衛隊の部隊を派遣しないことで「顔が見えない」とさんざん非難されていた。危険地帯に人を送り込むという人的貢献がないと感謝もされないのである。しかし、危ないところへは民間人に自主的に行って頂くという極めてお粗末な対応しかできずにいたのがわが国である。一番の問題点は憲法に集約されるのだろうが……。

しかし、言語という文化面から見ても、我々が毎日使う日本語からしてそもそも顔が見えない。主語がなくても話が通じるのである。だからといって顔が見えなくても仕方あるまい、とも言っていられない。自分自身でも経験があるが、例えば何かの事業説明用パンフレットを海外からのお客さん用にと英訳しようとする。ところがそのままで翻訳家にお願いしてもまともな英文にはならない。なぜか日本人同士だと主語がなくても通じるが、英訳するとなるとそうはいかないのである。まず、日本語の原文を、構文がきちんと整った日本語の翻訳文に作り直すことから始めなくてはならないのである。

テレビを見ていても同じようなことがある。事件や事故のたびにレポーターが最後に「……の対策が早急に求められます」という決まり文句を言うのである。何かの改善や対策を求められるのは行政や企業であることは間違いないだろう。しかし、求めているのはいったい誰なのだろうか？　主語は誰だろう？　国民なのだろうか。このレポーターは国民にアンケートでも実施して確認したのだろうか？　数時間前に起きた事件に対してアンケートなどできるわけもない。結局、実のところレポーターは自分の感想を述べているのだが、アンカーマンならいざ知らず、レポーターのコメントなど国民の誰も求めていない。つまるところ、レポーターの単なる個人的見解を覆い隠すための常套句として使われているに過ぎないのである。

・円借款の意味

私はOECF在籍当時に、OECFという組織の扱う円借款を自分なりに解釈していた。「発展途上国の自立支援のため」「人道主義的援助のため」「女性の自立のため」、いずれも正しい解釈であるし、そうあって欲しいものである。では、何ゆえに日本が金額ベースで世界のODAの四分の一（一九九六（平成八）年時点）をも負担するのか。さらに何ゆえに国際社会から更なる負担の増額を求められるのか。自国のGDPに匹敵する五〇〇兆円（同年時点）近くの公的債務を抱えるこの国が……。諸外国からのわが国への支持、もっと具体的に言うと国際会議の場で日本の意見に耳を傾けてくれること、そして日本の意見に一票を投じてくれること。世の中持ちつ持たれつである。理屈だけでは人間も国も動かないのである。

話は変わるが、敗戦直後の一九四六（昭和二一）年から一九五三（昭和二八）年まで、わが国も政府開発援助を受けていた。わが国の東西を結ぶ大動脈である東海道新幹線や東名高速自動車道。

そして戦後の関西経済圏の電力不足の窮状を救った黒部川第四発電所（通称「黒四ダム」）。いずれも今日においてもわが国になくてはならない極めて重要な社会資本である。これらの整備に政府開発援助を受けていたのである。当時のわが国の国力を考えると、援助なしには完成はありえなかったであろうビッグプロジェクトであったのである。

ＯＥＣＦとは

今でこそＯＥＣＦはＪＩＣＡと一緒になり政府開発援助が抵抗なくすんなりイメージできる新生ＪＩＣＡとなっていますが、先に述べたように発足当時は日本輸出銀行からスタートしました。そもそも同じ政府間援助に携わるのだから同じ組織になるのは当然と思われるかもしれませんが、世界を見渡すと必ずしもそうでもありません。別組織で運営している国もあります。ドイツの援助機関も別々の組織になっています。

ここでは、合併する前のＯＥＣＦの姿を紹介します。組織部門としては、総務部、経理部等のどこの組織にもある部門を除くと、事務部門がⅠ部からⅢ部までの三部ありました。Ⅰ部はいわゆる東南アジア担当で、主な国はフィリピン、インドネシア、タイ、ベトナムなどです。Ⅱ部は東アジアや南アジア、中央アジア担当で、主な国は中国、インド、パキスタン、スリランカなどです。Ⅲ部は世界の残りの部分、といってもとても広いですが中近東、アフリカ、中南米担当です。Ⅲ部は国別の援助以外に、商品借款などのプログラム援助も担当していました。

そしてほとんどが関係省庁や地方自治体等からの技術系職員の出向者で賄っている開発技術部が開発第１課から３課まで三課ありました。１課は道路、港湾、空港、鉄道、上下水道など、２課は電力、化学など、そして私が所属していた3課は治水、砂防、灌漑、水資源開発、農業開発などのプロジェクトの技術的な審査を担当していました。以上の事務と技術の組合せでプロジェクトの審査はできるのですが、これに加えて私の在籍当時には環境影響評価を第三者的な立場からチェックする環境社会開発課や、プロジェクト案件として成り立つか少々怪しい案件に対して、補足調査を行うことで融資案件に仕立てる業務等を行う組織として開発企画課などがありました。

業務の規模については、直近の記者発表資料では、二〇〇九（平成二一）年は前年と比べて一％減の九四億八〇〇〇万ドル（八八六〇億円）で、順位は米仏独英に次ぐ第五位でした。そしてこの五位は二年続きでした。私がＯＥＣＦに在籍していた一九九五（平成七）年頃が金額のドル建てベースでピークであったようです。一ドル八〇円付近の円高ドル安の効果もあり、世界一の円借款供与承諾額を誇っていました。

そして円借款の供与先については、一貫してインドネシア、中国、インドが上位に顔を出しています。特にインドネシアは長年承諾額一位の定位置でした。この状況に変化が出たのはアジア通貨危機を契機としたインドネシアの景気後退です。この後中国がわずかな期間首位となりましたが、中国の円借款終了に伴い現在はインドにその地位を明け渡しています。一貫したアジア重視と見えますが、地政学的に見ても当然と考えてよいでしょう。わが国は世界銀行やアジア開発銀行にも大口出資しており、間接援助分も含めて見ると国全体で政府開発援助にはかなりの支出をしていると評価してよいでしょう。

参考文献

・国際協力銀行『海外経済協力基金史』二〇〇三年

出撃前夜

・引き継ぎ

民間企業でも同じことが行われていると思うが、異動の前には必ず引き継ぎがある。三月末に大手町のOECF本社ビルではなく、開発技術部などが間借りしている毎日新聞社ビルで引き継ぎを行った。

「はじめまして。業務I部2課の須藤亜紀です。インドネシアの水セクターの担当です。加本さんには大変お世話になっています。引き続きよろしくお願いします」

加本さんの横に立っていた女性がこう話しかけてきた。

「はじめまして。浦上です。よろしく」

どう見ても若い。大学卒業後、二、三年目ではないのか。若すぎる。こんなに若くて現場経験もなさそうな女性が、国際援助の最前線に立っているのだろうか？　私は驚愕し、同時に大きな不安を覚えたのであった。

「四月に異動されたら、九日からすぐにインドネシアに行っていただきます。こちらは審査対象案件の事前調査レポートです。今回はゴールデンウィークをはさんで二件、浦上さんにはお願いします。航空券やホテルの手配は私がしています。赤パスは持ってますよね」

なに、もうそんな先まで予定が組まれているのか。そこに加本さんが割って入る。

「本当は、続けてインドネシアにいてもらいたいのですが、バングラディッシュの多目的橋梁「ジャムナ橋」の中間監理のために、世界銀行などのコーファイ（協調融資：コ・ファイナンス（Co-finance））機関がそろってマイルストーン・ミーティングを開催するんです。それが連休前にオランダでセットされているのでそちらにも行ってもらうことになっているんだな。建設省の中尾さんにも技術専門家として参加してもらっているから心配しないでいいですよ」

手渡された三件のプロジェクトの資料は、すべて英文で、全部で厚さ五センチにはなろうかというものであった。

引き継ぎはあっという間に終わったが、四月以降に私を待ち受けている事態の重大さだけは十分に感じ取ることができた。

・出撃命令

「第一師団ジャワ方面軍の技術支援のため、来たる九日払暁、バタビアへの出撃を命ず！　なお日の丸航空部隊による輸送支援を確保している！　武運長久を祈る！　以上！」

世が世なら、こんな命令になったのだろうか。私には引き継ぎの際にこのように言い渡されたような気がした。

今から約七〇年前。スマトラ島パレンバンの油田攻略に向けて、空挺部隊が突入した以外に、インドネシアでは蘭・米・豪・インドネシア連合軍との間では大きな戦闘もなかったそうである。

正に開戦当初の日本軍は、インドネシアの一部の人々の目には解放軍と映ったのではないかと推察される。しかし、太平洋戦争の戦局が悪くなって以降は、インドネシア人からなる部隊を編成して激戦地に送り込んだこともあり、反日感情が高まっていったことは残念である。

なお冒頭の発令文中の「バタビア」はオランダ統治時代の首都ジャカルタのこと。そして「日の丸航空隊」とはひと頃世間を騒がせたＪＡＬのことである。

・いざ出撃！

ＯＥＣＦに出向した一九九五（平成七）年の四月のカレンダーは一日が土曜日であった。辞令は通常平日に交付されるので、一日付の辞令でも実際に受け取ったのは三日の月曜日である。そして勤務していた滋賀県大津から東京の自宅に荷物を出したのが四日。その荷物を東京で受け取ったのが五日。したがって実際の仕事始めは六日の木曜日になった。七日の金曜日には航空券を旅行代理店から受け取って職場での出発準備完了。そして、八日の土曜日は荷物のパッキング。ジャカルタへの出発が九日の日曜日朝。目先の出張の準備つまり英文レポートと格闘する以外は、ほとんど何もする余裕などあるはずもない。ＯＤＡとは、とかその意義は、などと勉強したり考えたりする時間などまるでなかったのである。本当に嵐のような一週間であった。

これが、私がＯＥＣＦ初出張を「平成の学徒動員」と呼ぶ由縁である。

第四章
東南アジア編

二つの「ソロ」――インドネシア（東部ジャワ・ソロ河下流部河川改修事業）

・椰子の木陰に

「さ〜ら〜ばラバウルよ〜、また来るまでは〜、し〜ばし別れの涙がにじむ〜、……」ラバウル小唄の冒頭である。この歌詞の一番は「椰子の葉かげに十字星」で終わる。今、私はソロにいる。星空が好きな人がロマンチストか否かは別として、実は私は大学時代に天文部に所属していた。インドネシアは赤道直下の国であり、当然日本では見えない星空を見ることができる。一八世紀には首都が置かれたインドネシアの奈良と称される「ソロ」で、初めて南半球の星空を見上げる機会に恵まれたのであった。首都ジャカルタでは道路照明や広告のネオンサインによる光の公害、つまり光害のために星空も日本と変わらないので正直言ってがっかりしていたのである。

「お～、あれだ！　見つけた！　南十字星！　それからあそこに「おおいぬ座」のシリウスがいるから……、あれがカノープス！」

首都ジャカルタとは全く違う。文字どおり、椰子の葉かげから見上げる実に素晴らしい星空である。南十字星は一五世紀半ばから一七世紀半ばまでの大航海時代に南半球で南の方角を知るための目印となっていた星である。そしてカノープスは別名「南極老人星」と呼ばれているが、東京の平野部からはよほど条件がよくないと見えない星である。日本の将兵もラバウル基地でこんな星空を眺めながらしばしの休息を取っていたのだろうか。

せっかくの機会なので、私が星空に魅せられるようになったきっかけに触れておこう。以下は、中国地方整備局岡山河川事務所長時代に、地元の山陽新聞に頼まれて寄稿したものである。

・星空への招待

最後に星空を見上げたのはいつですか？

現代の日本人にとって、二四時間営業の店舗が当たり前になり、夜を感じることが少なくなっています。人工衛星からの夜間の画像を見ても、国土の形そのままに浮かび上がって見えます。でも、これは星を見るには悪い環境で、光害と呼ばれています。

以前、母の実家で降るような星空を見上げた子供の頃の記憶をお話ししましたが、光害でいつしか夜空を見上げることもなくなりました。そんな私が大学でのサークル活動に天文部を選んだのは、おそらく少年時代の私が背中を押したからでしょう。

部活動の中心は流星観測でした。ただあてもなく流れ星を待つのではありません。実はたくさん飛ぶ日があらかじめわかっているのです。その仕組みはこうです。地球は太陽を中心に円運動をしています。一方、汚れた雪だるまと表現される彗星（ほうき星）には、太陽の周りを楕円軌道で回っているものがありますが、その途中に少しずつ壊れて軌道上に破片を置いていきます。そんな両者の軌道が宇宙空間で交わる場所が計算で特定されているのです。地球がそこを通過するときに彗星の破片が大気圏に突入して摩擦熱で燃えて流れ星となるのです。大きなものは隕石になります。そして地上からは夜空のある点を中心に放射状に流れるように見えるのです。こんな流れ星たちは中心点のある星座の名前を取って○○座流星群と名付けられています。流れ星にロマンを感じている人、ごめんなさい。

間もなく梅雨も明けます。そして夏の夜空を彩るペルセウス座流星群が来週半ばから活動を始め、八月一二日、一三日にピークを迎えます。一晩で数十個見られるかもしれません。やっぱり流れ星に願いを掛けたい人、チャンスです。あっ、一つ言い忘れました。たくさん飛ぶのは明け方です。眠らずにいた人にだけ幸せが訪れます。

［二〇〇六（平成一八）年七月一四日山陽新聞（夕刊）］

・カラオケ

ソロ二日目の夜のこと。インドネシアでもカラオケは大人気。私も勧められて夕食の後に場所を変えて舞台に立ち、谷村新司氏の名曲「昴」を生オケで、もちろん日本語ではあるが歌うはめに陥った。とはいえ、歌うのは好きでそれなりの覚えもあるのでしっかり熱唱させてもらった。彼の歌はインドネシアに限らずアジアで大変評価が高い。そして、お返しにと地元のポピュラーソングである「ブンガワン・ソロ（大河ソロ）」を聞かせてもらい、一度でそのファンになった。インドネシア語の歌詞は理解できなかったが、後で意味を教えてもらった。地元の人々に多大な恩恵をもたらすソロ河を舞台にした心温まる歌であった。

これには後日談がある。OECFでの勤務を終えた後に、家族でバリ島を旅行する機会を作った。その際に波の音が聞こえるビーチサイドのホテルのレストランで、ちょうどバンドが生演奏をしていた。そこで私がリクエストし、家族にその歌を聞いてもらった。私の携わったソロ河の仕事に触れてもらおうと思ったのである。両親にとっては初めて聴く歌だろうと思いきや、なんと両親はこの歌のメロディーを知っていたのであった。不思議に思い、帰国後調べてみると、歌自体は一九四八（昭和二三）年に松田トシ氏の歌でリリースされ、さらに一九五一（昭和二六）年には映画（監督：市川崑、主演：池部良）も作られていたのだ。私の生まれる前のことで、知る由もないのは言うまでもない。残念ながらメロディーは文字にできないので、せめて歌詞を紹介しておこう。

「ブンガワン・ソロ」（作詞：グサン　訳詞：緒園涼子）
ブンガワンソロ涯しなく　清き夢のせ流れゆく
父母も若き日頃　ともに聞きし愛の調べ
星は移りゆき　世の人は変われど
愛はとこしえに　ただひとすじ
ブンガワンソロ涯しなく　清き夢のせ流れゆく

・現地調査

そろそろ仕事の話をしなければいけない。首都ジャカルタを離れ、ソロに足を運んだのは、プロジェクトの実施されるソロ河とジャワ島中部および東部地域の現状を確認するためである。この地域の気候区分はアジアの赤道直下で当然「熱帯雨林」と思っていた。ところで、「熱帯雨林」という言葉に皆さんはどんなイメージをお持ちだろうか。密林が広がり年間降水量が多く、一年中湿度が高いというものではないだろうか。少なくとも私はそう思っていた。しかし、後で調べてみると実際はこの地は「サバンナ気候」であった。百聞は一見にしかず、とはこのことである。雨期とは言えども、一日中雨が降っているわけではなく、午後にスコールがまとまって降る。逆に乾期にはほとんど雨が降らない。結構さっぱりした気候である。流域も開発が相当進み、密林と呼べる場所はなく、現地調査も極めてスムーズに行えたのであった。

しかし、これはビギナーズ・ラックと思うべきであることを思い知らされた。この後も何度かインドネシアを訪れたが、雨期の首都ジャカルタで、飛行場から市内までの移動に浸水常襲地域を抜けるのに大変苦労するという洗礼もしっかりと受けたのである。

・対立

現地調査(Site Survey)を終えて、我々はジャカルタに戻った。今回の案件はソロ河本川改修とジャブン多目的遊水地を含むジャワ海への放水路建設から組み立てられているが、その整備の優先順位について真剣な議論を戦わせたのだ。私は、堤防の嵩上げには延長が長く時間がかかるので効果を早く出すために放水路建設を先行すべきと主張したが、インドネシア国側はその反対で譲ろうとしなかった。今から思うと実施機関の技術者から見ると、後者は大規模工事になり、海外企業に仕事を持っていかれることを心配したのではないかと思えるようになった。つまり、ソロ河本川の築堤・護岸工事なら工事の難易度も低く、国営企業を含めた地元雇用対策になると期待していたのだろうということである。

しかし、半年後の一〇月にセクター調査と称して審査した案件の中間監理を行った際に、整備順序の変更を要請された。やっぱり放水路と遊水池を先行させたいというのである。私の主張した手順の有効性・即効性が理解してもらえたのだろう。しかもそれが決して押しつけでなく、相手が自らそう考え直して方針転換を図ってきたことが一番の収穫であったと思う。

・オランダを二度破った国

オランダはインドネシアの旧宗主国。太平洋戦争で一時日本に占領されたが、日本がポツダム宣言を受諾した一九四五（昭和二〇）年八月一五日のわずか二日後にインドネシアは独立宣言を発した。しかし、予想されたことではあるが再度オランダ軍が進駐してきた。これに対して、インドネシア軍は現地に残った旧日本軍義勇兵の協力を得て独立戦争を起こし、最終的に旧宗主国の復権を許さず、ついに一九四九（昭和二四）年一二月にオランダに独立を承認させ、国際的に見ても本当の独立を成し遂げたのである。独立の際の独立宣言書に署名したのが、後の初代大統領スカルノと同副大統領モハマッド・ハッタであり、同国の首都空港の名前はこの二人の名から取られている。

ところで、独立の際に定めた国旗が面白い。オランダ国旗は上から赤白青の三色。インドネシアは上から赤白の二色。非常に似ている。何があったのだろうか。どうやら急な独立で、一番下の青を破り捨てたという説があるようだ。

インドネシアは、まずオランダ軍を、そして次にオランダ国旗を破ったのである！　国旗の生い立ちも様々である。

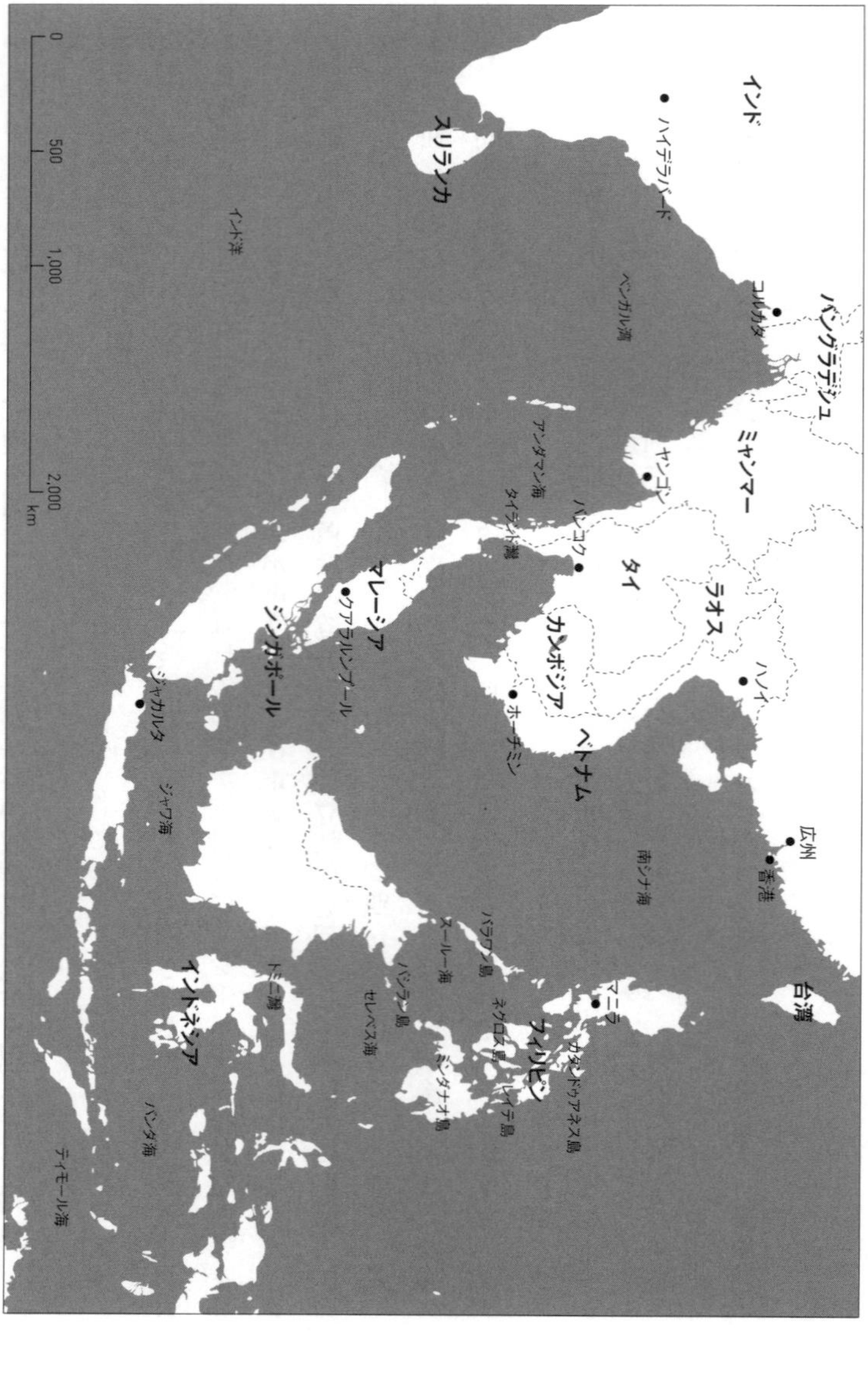
インド
ハイデラバード
スリランカ
インド洋
ベンガル湾
コルカタ
バングラデシュ
ミャンマー
ヤンゴン
アンダマン海
タイランド湾
バンコク
タイ
ラオス
ハノイ
カンボジア
ホーチミン
ベトナム
マレーシア
クアラルンプール
シンガポール
ジャカルタ
ジャワ海
広州
香港
南シナ海
台湾
マニラ
フィリピン
パラワン島
スールー海
ネグロス島
カタンドゥアネス島
レイテ島
ミンダナオ島
バシラン島
セレベス海
トミニ湾
インドネシア
バンダ海
ティモール海
0
500
1,000
2,000
km

プロジェクト概要

事業名　ソロ河下流部河川改修事業（Ⅰ期）

実施機関　公共事業省水資源総局

事業目的

本事業は中部および東部ジャワを東方に流下するソロ河下流域の河川改修を行うことにより、同地域の洪水被害を軽減するとともに、洪水を遊水池に貯留することで乾期の渇水被害を軽減して地域の発展を図るものである。なお、ソロ河上流域の河川改修に引き続いて行うもので、今回はマディウン川合流点付近のチェプから河口までの下流域約二三〇キロメートルを事業対象としている。

事業地域の特徴

ソロ河は流路延長約五四〇キロメートル、流域面積約一万六〇〇〇平方キロメートルのジャワ島最大の河川である。流域面積は日本最大の利根川より小さく、第二位の石狩川とほぼ同程度である。河口部付近には流域から外れてはいるが、インドネシア第二の都市スラバヤが、また中流域には古都ソロが位置する。これまでも円借款により上流部の河川改修や多目的ダムの整備が進められてきており、下流部の治水対策が残された課題となっていた。以下に地域の特徴を箇条書きで記す。

・年間降水量の約八割が雨期に集中して降る。
・当該地域の土地利用は農耕地、特に水田が多い。
・主な都市はスラバヤ以外に、下流からババット、ボジョネゴロ、チェプがある。
・ババット地先の左岸側は沼沢地の様相を呈しており、生産、居住には適さない。
・洪水のたびにソロ河右岸側を東西に結ぶ幹線交通機関（国道、鉄道）が寸断される。
・ソロ河上流域は過去の円借款による河川改修、ウォノギリダム等の建設により5～10年の治水安全度を確保している。

全体事業計画

事業対象区間の河川改修（堤防築堤、護岸整備、河道のショートカット）と遊水池、放水路および分流堰等の関連施設を整備する。遊水池はバパット地先の左岸側に計画されており、分流堰により雨期には洪水を取り込む一方で、乾期には下流域に農業、上水、工業の用水を補給する多目的施設となる。また放水路は下流河道の負担を軽減するために、洪水の一部をバパットからジャワ海に面するセダユラワスで直接海に放流するための施設である。なお、本計画には計画対象区域の最上流部に計画されているジパンダム構想も含んでいる。

上記の施設整備により基本的にチェプから下流域の治水安全度一〇分の一を確保する。さらに、ジャブン遊水池とセダユラワス放水路の施工により、バパット下流域の治水安全度は堤防の更なる嵩上げをすることなく五〇分の一にランクアップが可能となる。

今回融資対象部分

本事業は大規模であるため、三期に分け、今回はその第一期分として以下の範囲を融資対象とする。

・河口からバパットまでの左右岸の河川改修（堤防嵩上げ、護岸）
・バパット直下流のカランゲネン地先の屈曲部のショートカット
・セダユラワス放水路の暫定施工（川幅二五メートル）

事業費

総事業費：一三〇億九〇〇〇万円
融資対象：一〇三億六六〇〇万円
基準年月：一九九五年四月

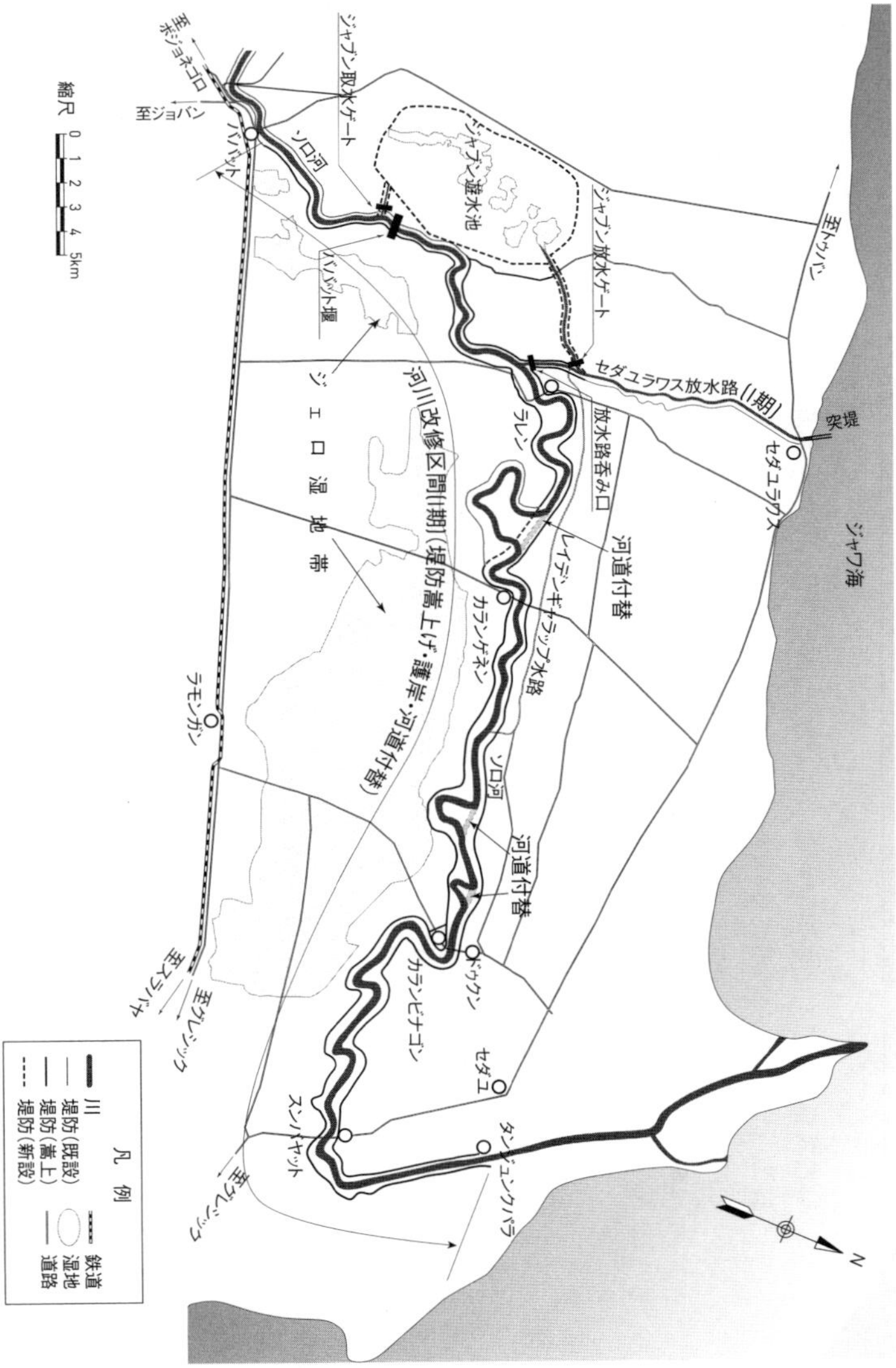

ソロ河下流部河川改修事業の概要図

参考情報

・セダユラワス放水路の現状

セダユラワス放水路は過去にインドネシア国の自己資金で幅二五メートル分の用地が取得されており、さらにジャワ海への出口にはオーストラリアの援助により橋梁が整備済みである。

・ジパンダム構想

ババットからチェプまでの治水安全度五〇分の一確保はジパンダムの整備が前提になっている。ジパンダムの計画は日本、世銀、カナダの援助により実施された「ソロ川流域開発計画」の中で立案されているが、現時点では住民移転や生物等の社会・自然環境等への影響への配慮から具体化の見通しは立っていない。

今後の課題

・ジャブン遊水池周辺の二次内水

Ⅱ期工事でジャブン遊水池の建設が予定されているが、遊水池の築堤に伴い新たな内水形態が生じる恐れが非常に大きい。つまり、これまでは湿地や農業用の排水路を経由して下流に流下していた水が堤防により遮られるため行き場を失うのである。これに対処するには最寄りの堤防に排水樋門を設けることが最低でも必要である。さらに状況によっては排水ポンプの設置も必要となるかもしれない。いずれ要請が上がってくるⅡ期、Ⅲ期の審査時にはこの点に十分注意する必要がある。

・河口部の土砂堆積

ソロ河の河口は上流からの土砂供給により、自然にその位置を徐々に沖合いに移してきた。今回の事業でセダユラワス放水路が整備され洪水の一部が分流されるが、全流量の五%にしか過ぎない。この先もこの状況は続くと考えられるが、この事は同時に河口部付近での河床の上昇を意味している。すなわち、河道断面の減少が起きるわけで、治水安全度の低下につながる。したがって、事業完成後も河口部の維持に注意を払う必要がある。

独自の文化圏 ―― インドネシア（中部スマトラ・パダン洪水防御事業）

・パダン料理と煎餅

「浦上さん、これ食べてみてください」と、黒い色をした多孔質の煎餅のような形のものを勧める須藤亜紀。たとえて言うなら油分の少ない柔らかいボンチ揚げ。これまでに見たことのない食べ物であるが、仕方がないので一口食べてみる。サクサクしている煎餅の食感であったが、これは「牛の肺です」と聞いてびっくりさせられた。

パダン料理といえば小皿料理とガイドブックで読んだが、この店では直径一五センチ位の多数の皿に様々な料理を盛り付けている。これを二段重ねですべての皿の中身が見えるようにきれいに配膳するのだ。余談だが、お客が手を付けなかった皿は次の客に再び提供されるので、衛生面で少々難があるように思う。さて、牛の肺の煎餅も変わり種ではあるがポピュラーな食べ物らしい。食用となった牛に感謝してとことん食べ尽くす、という思想そのものは頷けるところもある。この時ある記憶がふと蘇った。学生時代の卒業旅行にドイツに行った折のことである。

ホテルのレストランで食事をすることにした。メニューを見てもドイツ語でしか表示がない。言葉がよくわからないままに、半分面白がって友人の高田和彦（現・株式会社横河ブリッジ取締役）が適当に注文した。しばらくすると牛の脳が形もそのままに出された。狂牛病などの知識も全くなかった頃のことではあるが、彼は気持ちが悪くなり、早々に部屋に引き上げて行った。

世界には色々な食べ物がある。勇気を持って試してみるのもまた一興である。

西スマトラ州知事への表敬訪問

・州都パダン

ジャワ島には首都ジャカルタがあるが、パダンはジャワ島の約四倍の面積をもつスマトラ島にある人口約四三〇万人の西スマトラ州の州都である。島といっても四八万二〇〇〇平方キロメートルあり、世界第六位の面積を持っている。日本の全国土面積三七万八〇〇〇平方キロメートルより広いのである。

この州都パダンでのプロジェクトは、インドネシアとしては小規模な河川群の改修である。小規模とはいえ計画洪水の規模が毎秒一〇〇〇立方メートル近くもあるので、我々日本人にとっては中規模の河川である。そして、地形の特徴を説明するには神戸をイメージしていただくとよい。六甲山から流れ出て、神戸中心市街地を貫くいくつもの川をまとめて整備しようというプロジェクトである。

この地方には独特の建築様式があり、州の記章にも取り込まれている。屋根の形は基本的に切妻なのだが、棟の両端がかなり急に上に反り返っている。したがって建物の正面から見ると船の形のように見えるのである。ノアの箱舟ではないが、家族と先祖代々の霊を運ぶ船をイメージさせる宗教上の意味合いが含まれているように感じた。

さて、このパダンは地震による津波災害を何度も受けている。記憶に新しいところでは二〇〇九（平成二一）年九月のスマトラ島沖地震、二〇〇四（平成一六）年一二月のインド洋地震である。インド洋地震はM九・三でインドネシアをはじめ周辺各国も含め死者一三万人、行方不明者三万八〇〇〇人、負傷者一〇万人を記録した巨大災害である。パダンはそれ以前にも一八三三年、一七九七年に数メートルから一〇メートルの津波を伴ったM八・五〜八・九程度の地震で大きな被害を被っている。この国も日本と同様の地震大国なのである。

・竹筋コンクリート

コンクリートの中に芯となる鉄筋が入っている鉄筋コンクリートは一般的に知られている。鉄は引っ張りに強く、コンクリートは圧縮に強いという両者の特性を活かして、土木や建築の構造物でよく使われる。この鉄の代わりに竹が入っているのが竹筋コンクリートである。昔は鉄が高価であり、日本でも鉄が手に入らない場合に竹が使われていた。私の高校のプールも、昔は竹筋コンクリート造りだったことをOBであった先生から聞いたことがある。

竹の種類はたくさんあるが、日本人に馴染みのある真竹や孟宗竹は、それぞれ日本と中国が原産といわれている。インドネシアに限らずアジアはもちろん、世界中で足場の材料や建設資材として竹は使われている。価格も含めた入手のしやすさや加工のしやすさが魅力なのであろう。ただし、足場用の仮設材ならともかく、中層の建物でも鉄の代わりに竹が使われているのを見かけると、地震時に大丈夫なのかと人ごとながら心配になる。とにかく、建物の完成時には見えなくなる部分だけに、内外装の見栄えばかりに気を取られると、大変な買い物をしてしまうことになる。

プロジェクトの概要

事業名 パダン洪水防御事業(Ⅱ期)

実施機関 公共事業省水資源総局

事業目的

西スマトラ州の州都パダンは、市内を貫流する中規模な河川および都市排水路の流化能力不足から頻繁に洪水被害を受けており、その被害は同市の急速な発展に伴い一層深刻なものとなっている。よって、既に円借款で着手した市域南部に対するⅠ期事業に続いて、当該Ⅱ期事業の実施により、新旧市街地の洪水防御を図り、もって民生の安定および地域のより一層の発展に資することを目的にしている。

事業地域の特徴

当該地域は西側を海に、東および南側を急峻な山地に押さえられ、北にしか発展の余地がない地形である。元来山間部に降水量の多い地域であるうえに、このような地形のため、東西方向に流下する河川は、山地から平野部に出る扇頂で河道から溢れて縦横無尽に暴れて扇状地を形成してきたのである。パダン市自体がこの扇状地の上に乗っており、海岸線近くなるとさらに河床勾配が緩くなり、かつ潮位および波浪の影響を受けて速やかに洪水が海に排水されずに河道から溢れてさらに被害を増大させてきた。

事業全体計画

他の治水事業と同様に段階的施工法で計画しており、整備目標水準について、左表のような長期目標と緊急対策の二段階を考えている。

	長期目標	緊急対策	対象河川名
本川	50年	25年	クランジ、アイル・ディギン、アラウ、同放水路
支川	25年	10年	バリンビン、ララス（クランジの支川）、タビンジラク（アラウの支川）
排水路	10年	5年	バウン・プンジャリナン、ロロン、ウジュン・グルンウラク・カラン、プルス

＊タビン川は本来排水路の位置付けであるが、飛行場に隣接しており整備水準をランクアップしたものである。

今回融資対象部分

右記の事業全体計画の表中でアミカケした新市街地の河川、排水路を対象としている。具体的な事業内容としては、築堤・護岸、河道拡幅、河道のショートカット、樋門・樋管整備、橋梁架け替え等である。なお、下線の無いものは旧市街地に位置する河川、排水路であり、I期事業で一九九〇（平成二）年の円借款事業として事業実施中である。

事業費

総事業費：六〇億六八〇〇万円
融資対象：四八億五九〇〇万円

基準年月：一九九五年四月

参考情報

・公共事業省内の役割分担

事務分掌上、理由の如何を問わず橋梁整備の際には下部工事は河川側で、上部工事は道路側で予算手当てをすることになっている。今回も当初はその原則に則った対応をとろうとしたが、結局道路側の予算確保の見通しが立たないので、全額を河川側で予算手当てをし、融資対象に含めることで決着を見た。また、堤防の上が道路の用に供されている現状を踏まえると、堤防の保全、維持管理のために舗装をかけることが適切と考えるが、これは道路事業として扱うことになり河川側での実施は極めて困難な状況にある。

・パダン市北部拡張計画

既にパダン市は地形上、北にしか発展の余地が無いことを触れた。前パダン市長でもある州知事に表敬訪問した際にもⅡ期事業に引き続き、Ⅲ期としてまだF／Sも実施していない北部地域での治水事業について、知事自ら説明して円借款による先行投資への期待を語るほどの熱の入り様であった。この背景には新空港建設に加えて、企業誘致や民間による宅地開発を進めたいという気持ちがあったようだが、民間への利益誘導の一面もあると判断され、今後を注視することとした

今後の課題

・海岸侵食と河川砂利採取

既に海岸線の侵食が進んでいるエリアがあることは述べた。これは過去の海岸線での各種構造物の配置が原因の一つであることは言うまでも無いが、河川からの砂利採取も影響を及ぼすことがある。現地視察の際に、扇状地の河原にトラックを乗り入れ、人力で砂利や岩石の採取を行っている様を目撃した。量にもよるが、将来の河床低下や海岸浸食への影響が懸念される。特に河床低下は橋梁や落差工などの横断構

造物の基礎の浮き上がりに密接に関与しているので留意が必要である。

日本でもかつては良質な砂利が容易に入手できるため盛んに河川での砂利採取が行われていたが、現在では原則禁止されている。インドネシアでも規制が必要であるが、多くの砂利採取労働者が日雇いであるという実態と他の砂利入手方法を考慮すると行政としてもなかなか規制に踏み切れないのが実情である。

・都市排水路と市街地の面整備

日本では都市排水路と市街地の排水路の面整備は担当する省庁が同じで国土交通省であるが、インドネシアでは異なる。今回の審査では事前に過去の経験を踏まえて設計段階から両者の調整が不可欠であることを指摘していた。というのも、排水路の面整備の担当省には以前から技術力や資金力に問題があるという話を聞いていたからである。現地視察でもその一端を垣間見た。例えば、水路が逆勾配で常時水が溜まっている箇所、水路が素掘りのままで崩壊している箇所、水路同士がきちんと接続されていない箇所等々が散見されたのである。都市排水事業もシステムとして考える必要があり、バランスが悪いとせっかくのプロジェクトも効果を十分発揮できないことになる。

・ポンプ場の維持管理

JICAで検討したF/Sでも自然排水が困難な樋門ではポンプの設置が検討されていた。しかし実際には事業の実施機関である公共事業省は自らポンプを外した案で援助を要請してきた。これは設置後の維持管理に自らが大きな不安を抱えているからである。近年日本では毎秒一トン程度の可搬式のポンプを搭載する排水ポンプ車が開発され、浸水が発生している場所に機動的に出かけられるよう多数配備されるようになってきている。途上国においては違う理由でこの排水ポンプ車の導入が望ましい。と言うのは、平常時は公共事業省の事務所で集中管理して点検・保管した方が、人員配置や故障対応、機材の紛失・盗難への対応も容易と考えるからである。今後技術移転できないか検討に値すると思われる。

大自然の脅威① ―― フィリピン（パンガシナン平野・アグノ川流域緊急修復事業）

・風速七〇メートルの恐怖

日本以上の台風銀座フィリピン。しばしば迷走し、日本に上陸する台風より強い勢力を持って襲いかかる。一九六八（昭和四三）年にアジア極東委員会（ＥＣＡＦＥ）と世界気象機関（ＷＭＯ）が共同で設置した台風委員会がマニラに置かれていることも納得できる。しかし、台風への備えは悲しいほど不十分である。毎年のように大きな被害を出し続けている。私自身もマニラ滞在時に台風の襲来を受け、風速七〇メートルを体験した。本当は外出すべきではないのであろうが、出張の日程に制約があり、その日も打ち合わせのために危険を承知の上で同僚と共に借上げのランドクルーザーに乗り込んだ。

ホテルの外は別世界であった。街路樹はもちろん、電柱や街路灯も倒れて電線が垂れ下がっている。停電しているので感電の心配は一応ない。トタン板や看板があちこちにぶつかりながらヒラヒラと舞い散っている。運悪くトタン板が乗っていた車に向かってくる。どうすることもできずに同乗者一同、一瞬無口になる。そして、「ゴン」。ぶつかった。車の外にいたなら確実に首が飛ぶと思った。一緒にいた人間もみなそう思ったはずだ。ヒヤリとしたが、幸い車にも大きな損傷はなかった。打ち合わせ場所までのわずか二〇分位の距離がとても長く感じられた。

この台風が最大瞬間風速七〇メートルを記録したことを翌日の新聞で知った。経験しようと思ってもなかなかできるものではない。改めて自然の恐ろしさ、自然のエネルギーの大きさを感じた次第である。

・学校

子供は学校が大好きである。勉強をしたり、友だちと一緒に遊びたいのである。フィリピンの子供たちは学校に行けることで、きっと感謝の気持ちで一杯だろう。翻って日本はどうであろうか。悪平等、いじめ、不登校。感謝のかけらも感じられない。教育が、家庭が、社会がおかしい。豊かさを当たり前だと勘違いしているせいなのであろう。

フィリピンの小学校は二部制である。太平洋戦争後、貧しい日本もそうであった。私が子供の頃でも小学校は一クラス四五人前後であった。中学校は五〇人以上で、教室の後ろは通り抜けできなかった。今はどうだろう。三〇人を超えるとクラスが増えるそうだ。個人個人の指導を徹底させるというが、本当に効果が出ているのだろうか。子供の学ぶ姿勢が変わらなければ、いくら器だけを整えても効果は出てこないのではなかろうか。

フィリピンで学校に行けない子供が何をしているかというと、実は働いているのだ。もちろん好きで働いているわけではない。親に言われて、結果的に家族を養うために稼がなければならないからだ。そういう文化、社会・経済情勢なのである。そしてそれが世代間で繰り返される。子供がかわいそうだと思っても、悲しいかなこれが現実だ。

日本でも勉強が嫌いなら、義務教育を終えたら働くべきである。嫌々高等学校に行く必要はない。しかし、現在の日本はそれも困難だ。求人倍率が著しく低い。年齢層を問わず仕事が足りないのである。仕方がない。失業対策の意味も込めて学校に残ってもらおう。しかしその前に学校に通える環境にあることに、素直に感謝の気持ちを持ってもらいたいものである。

・Out of Order

フィリピンは案件も多く、プロジェクト審査以外にも何度か訪問する機会があった。この国の空の玄関口であるマニラのニノイ・アキノ空港で経験した、笑えない本当の話を紹介しよう。

初めてのフィリピン訪問で仕事を終えて帰国時のことである。待ち合いロビーの椅子に腰掛けていた私の目線の先にはテレビが映っていた。二回目の訪問時には、そのテレビのブラウン管に「Out of Order」と張り紙が張られていた。これは「故障中」という意味である。そして、三回目に訪れたときは、なんとテレビが消えてなくなっていた。ウソのような本当の話である。

この国は設備の管理が非常に苦手のようだ。人材、資金両面の問題に加えて意識の問題もあるのではないかと思われる。アグノ川の河川堤防の維持管理も同じである。現地視察の際にもそれを痛感させられた。そもそもアグノ川の堤防は一九三〇年代にフィリピン政府により整備が始められ、一九六八年頃からはＵＳＡＩＤ（米国際開発局）の支援で本格的に整備されたという。したがって、整備から約三〇年が経過していることになる。この間に何も手が加えられなかったのではないかと思われるところが随所にあった。堤防の上を車で走っていても、そこが堤防とは思えない。あたかも密林を走っているようで、川が全く見えない。加えて堤防の法面に住居用の高床式構造物が多数建設されている。川の中に集落があるので堤防を直角に横切る道路が所々にあるが、堤防と交差する箇所で堤防が轍《わだち》掘れにより削り取られてしまい、四輪駆動車ですらその集落道路のある箇所を通過できない。つまり堤防と集落道路の交差点が堤防本来の高さから非常に下がってしまい、堤防の上をまっすぐ上下流方向に走り抜けることができない状況になっているのである。このことは、堤防としての高さが不足し、その機能を満足しなくなっていることを意味しており、治水上大きな問題である。当然ながら、堤防上に高床式住居を建設して居住することは不法であるが、スクワッターと呼ばれている彼らには、悪びれる様子は全くないのである。

・六〇〇ペソ

マニラでDPWH（公共事業省）との打ち合わせを午前中に終え、我々は高速道路を北に向けて車を走らせた。明日からの現地視察のためである。日が落ちてから、村に一軒しかないホテルにようやく到着した。ホテルといっても一階は中華料理チェーン店の「Siomai」つまりシューマイである。

チェックイン時にまず宿泊代を払う。なんと六〇〇ペソ。一ペソ四円強だから三〇〇〇円もしない。当然多くは期待できない。まずシャワーのお湯が出ない。ゴキブリがウロウロ。エアコンはうるさいだけでほとんど効かない。シャワーの文句を言って部屋を変えてもらったが、お湯が出るようになった以外は状況に改善の兆しはなかった。

階下で火事は起きないだろうか？　明日無事に目が覚めるだろうか？　そう思いながら床に就いた。後にも先にもこんな怪しげなホテルに泊まることはなかった。安全はタダではなく、金で買うものだと痛感した。

・スクワッター天国

途上国の都市部はどこでも同じ傾向にある。地方部から職を求めて首都や都市部に人口が流入するものの、やはりそこにも仕事がなく、住むところもない。仕方がないので空き地があればどこでも住み始めるのである。このような人たちはスクワッターと呼ばれている。スクワッターとは元々「しゃがむ人」という意味があるが、現在は公有地等の不法居住者を指す。河川の高水敷、鉄道敷のほとりなど、どこにでも住むのである。どちらも危ない場所ではあるが、危険は承知のうえである。

鉄道敷のスクワッターについて聞いた面白い話がある。人間が生活すればゴミが出る。そこで彼らは市街電車の屋根にゴミを投げ上げるのだ。そうすれば目の前のゴミがなくなる。これではまるでゴミ収集車である。しばらくして鉄道事業者は考えた。屋根の形を変えて投げ上げられたゴミが屋根から滑り落ちるようにしたのである。行政と住民の知恵比べ。傍から見ていると笑える話だが、鉄道の事業者にしてみればたまらない。電車が走るたびにゴミを集めてくるのだから。背に腹は代えられぬ対策なのだろう。

もう一つ眉唾物の面白い話を紹介しよう。国政選挙に絡む話で、ある候補者が所縁の人に声をかけ（買収して）、大挙首都マニラ近郊（自分の選挙区）に引っ越しをさせたというのである。とはいうものの家（土地）までは世話しかねるので、河川敷で比較的水に浸かりにくい土地を引っ越し場所として活用したというのである。河川の改修工事を行う際に立ち退きさせる手間など、管理者にとっては、たまったものではないが、これが現実なのである。

プロジェクトの概要

事業名　アグノ川流域緊急修復事業

実施機関　公共事業道路省

事業目的

本事業はルソン島中部のパンガシナン平野を流れるアグノ川および隣接するシノカラン川の河道掘削、護岸の整備および修復を行うことにより、同地域（リンガヤン市、ダグパン市等）の洪水被害を軽減し、最低限の治水安全度を確保することで民生の安定・向上および地域の発展を図るものである。

事業地域の特徴

アグノ川はフィリピン最大の穀倉地帯である中部ルソン平野の主要河川であり、リンガヤン湾に注いでいるフィリピン国第5位の流域面積を持つ河川である。流域の一部に一九九一（平成三）年に四六〇年ぶりに大噴火を起こしたピナツボ火山を含んでおり、土砂の流出も多く、アグノ川もその影響を受けて河床が上昇して治水安全度の低下を引き起こしている。

本事業の対象となっている下流部の河道は蛇行し、多くの三日月湖が存在しているほか、河口部も分派してデルタを形成しており、これまでに河川の規模に見合った計画的な治水対策が施されず、何度も氾濫を繰り返してきて今日に至っていることが伺える。なお、当該地域はフィリピン政府とＵＳＡＩＤ（米国際開発庁）による小規模な堤防整備は行われており、これにより耕作地が分断されてしまっている。

事業全体計画

今回の融資対象事業は緊急補修事業であるため、全体計画と呼べる計画は策定されていない。

今回融資対象部分

工事内容は浚渫、護岸整備、浚渫に伴う橋梁の新規架設および取り付け道路工事、既設堤防の嵩上げである。河川ごとの工事内容を以下に記す。

・アグノ川

（内容）3カ所の河道付け替えを含む低水路の浚渫および、河道付け替えに伴う橋梁の新設を行う。また、河岸および構造物の保護のため必要箇所に低水護岸を整備すると共に、左岸下流部（支川サロマグエ川合流地点周辺）において既存堤防の嵩上げを行う。浚渫については土量を抑えるため、低水路断面が十分あるとみなせる箇所については割愛した。また将来の河床の低下に備えて蛇篭による床固め工を追加した。

（諸元）浚渫八六三万立方メートル・低水護岸九〇〇〇メートル・既設堤防嵩上げ三〇〇〇メートル・橋梁

（ブガリオン橋）1橋（延長三九三メートル、幅員九・三メートル）

・シノカラン川

（内容）緊急に手当てをすべき河岸6カ所への高水護岸の整備を行うにとどめた。

（諸元）高水護岸　一五〇〇メートル

事業費

総事業費：一一〇億八三〇〇万円

融資対象：八三億一二〇〇万円

基準年月：一九九五年一月

参考情報

・堤外地の土地利用状況

既設の堤防は地域を分断する形で整備されたため、堤外地には今も耕作地のみならず集落まで残っており堤内地と何ら変わらぬ土地利用がなされている。（日本においても同じような状況の所もあるが、しばしば浸水するような所にはさすがに住居はない。）

・河川の水質

人口もそれほど多くないせいかアグノ川もシノカラン川も水質は見た目では濁度は高いものの特に悪いという状況ではなかった。また、空き容器などの浮遊物もほとんど見られなかった。シノカラン川の河口部付近ではホテイアオイが少量ではあるが見られた。

・アグノ川とシノカラン川の関係

地形上アグノ川の上流部での氾濫水は自動的にシノカラン川に流入してくる。したがって、シノカラン川周辺地域の治水対策としてはアグノ川上流部の河川改修が不可欠であり、シノカラン川そのものの河川改修より優先度が高いことは明らかであった。実際に現地調査の際に地元住民から聞き取った話でも、洪水

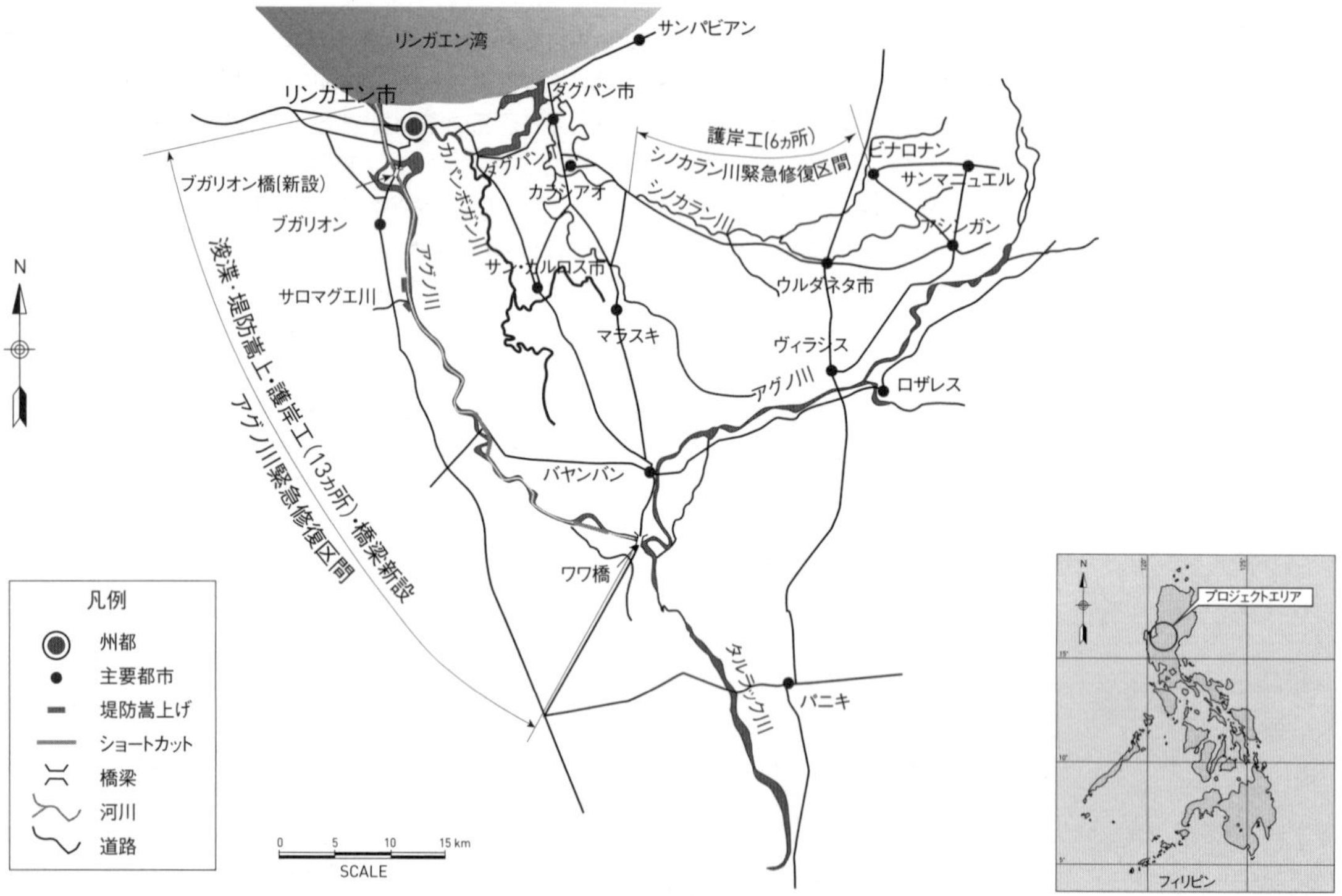

アグノ川流域緊急修復事業の位置図

は南の方角（アグノ川）からやってくるとのことであった。

今後の課題

・河川横断工作物構造基準

シノカラン川で今回の対象である国道橋梁取り合い護岸の整備は本来道路建設時に道路側で整備されるべきものである。日本ではこの護岸を条件護岸、つまり道路建設に伴い必要になった護岸で河川管理者が道路管理者にその整備を条件としてセットで整備させているものである。残念ながらフィリピンにはこの手の構造基準が今のところないため、やむを得ない面はあるが、今後早急に基準整備が望まれる。

・維持管理費用の確保

フィリピンの他の公共投資についても言えることであろうがとにかく維持管理の状況が悪い、と言うより維持管理がなされていない。人員、予算の不足が一番の理由であろうがこの状況でいくら円借款を供与しても砂上の楼閣に等しい。

大自然の脅威② ――フィリピン（中部ルソン・ピナツボ火山災害緊急復旧事業）

・メトロマニラ水没

フィリピンの首都であるマニラは、しばしば水に浮かぶ街になる。最初は都市内の排水事業が

ピナツボ火山の遠景

整備されていないせいだと思っていた。幹線道路でも一〇センチ位は当たり前で、脇道に入ると二〇～三〇センチくらいはあるように思えた。ある朝、いつものようにDPWHに打ち合わせに出かけたが、道路が冠水しているのでなかなか車が進まない。やがて運転手付きレンタカーのフロアマットが妙にフカフカするのに気がついた。「浸水？　エンスト大丈夫？」と、同僚の菅野氏と顔を見合わせるが、「No problem. No problem.」「Really?」運転手は平気である。今さらどうすることもできずに、運転手に任せるしかなかった。結局三〇分ほどかかりはしたものの、道路冠水を起こしている区間を無事に脱出した。

　私は職業柄、このような道路冠水の状況は見過ごせず、状況次第では新たなプロジェクトの立ち上げも考えねばならないと思い、これまでの排水事業の整備状況を調べた。結果は事業実施済みであった。そして浸水の原因は、メンテナンスの不在であることが判明した。排水路にゴミが詰まり水が抜けないのだ。メンテナンスをしなければ、いくら金をつぎ込んで施設を整備しても意味がない。私の脳裏に「Out of Order」の張り紙が浮かんだのは言うまでもない。

・気まぐれな砂遊び

ピナツボ火山の麓。あたり一面が砂場だ。一九九一（平成三）年六月に二〇世紀最大の大噴火が約五〇〇年ぶりに起きた。噴火前に一八〇〇メートル近くあった標高が、噴火後に約二五〇メートルも低くなったのである。噴火のすさまじさを想像することができる。先に紹介したアグノ川の少し南に位置しており、降灰の影響で河床が上がり、河川の流下能力が小さくなるという被害も出ている。しかし噴火のピーク予測に成功して、事前に数万人を避難させて多くの人命を救うことができたことは不幸中の幸いであった。

噴火そのものも恐ろしいが、噴火に伴って降った灰は、その後の雨で泥流となって流下を繰り返す。これをラハール（Lahar）と呼ぶが、これがまた恐ろしい。いつまでたっても雨が降るたびにラハールに襲われるのである。道路を寸断し、居住地や耕作地を次々と襲う。また川底に堆積して火山灰混じりの洪水が川から溢れて新たな川を造る、つまり川の流れる向きまでも変えてしまうことがしばしば起きるのだ。今回の噴火でもその現象が起き、プロジェクト実施の途中で対策工事の内容を変更せざるを得なかった。しかし、この川の流れの向きが変わることの予測など、とてもできる訳はない。正に神の「気まぐれな砂

火山灰で埋め尽くされた川を渡る車列

遊び」なのである。

・病気の天使

ピナツボ火山の視察時に、アンヘルスという町を拠点にした。この地名のアンヘルスはスペイン語読みである。アンとヘルスに分けて英語の音に置き換えると、不健康つまり病気という意味になる。一方、アンヘルスを英語読みするとエンジェルス。こちらは天使という意味。だから二つ合わせると「病気の天使」となるのである。

・街路樹はガードレール

外国の道路を走ると並木が多い。そしてその並木の根元近くは大概白くペンキで塗られている。この白く塗られた街路樹は夜間の道路幅表示に好都合である。実際、夜街路灯も全くない真っ暗な中で車のヘッドライトを上げて照射すると、街路樹の根元が白く反射して視認性はすこぶるよい。車がぶつかってもまず壊れることもないし、錆びることもないので基本的にメンテナンスの必要がない。インドネシアで初めて見て感心したが、東南アジアだけでなく南米でも当たり前のようにペイントされていた。非常に安上がりの生きた視線誘導柱である。

マニラから北に延びる高速道路。日本なら道路脇にあるはずのガードレールはほとんど見かけない。橋梁部分など本当に必要最低限の箇所のみ設置しているようだ。コストの削減を目指したのか否かはわからないが、結果的にそうなっているようだ。

もしかすると日本が異端児なのだろうか？　日本の安全に対する考え方、対処の仕方を一度見直してみても良いのかもしれない。そんな気持ちにさせられた。

プロジェクトの概要

事業名　ピナツボ火山災害緊急復旧事業

実施機関　公共事業道路省

事業目的

ルソン島中部のパンパンガデルタ上流に位置するピナツボ火山（海抜一七四五メートル）の一九九一（平成三）年六月の噴火以降のたび重なる噴出堆積物の流出による二次災害の防止と、事業完了後に速やかに従前の土地利用である農地への還元を行い、もって地域住民の生活基盤の早期再生に資することを目的とする。

事業地域の特徴

雨期に発生する集中豪雨のたびに新たな二次災害を引き起こしている。一九九五（平成七）年一〇月にも隣接するパッシグ・ポトレロ川流域で火山泥流が発生し推定約一〇〇〇人もの死者・行方不明を出したばかりである。今回ＯＥＣＦが担当する本事業の対象地域であるサコビア・バンバン川流域は上流の一九九三

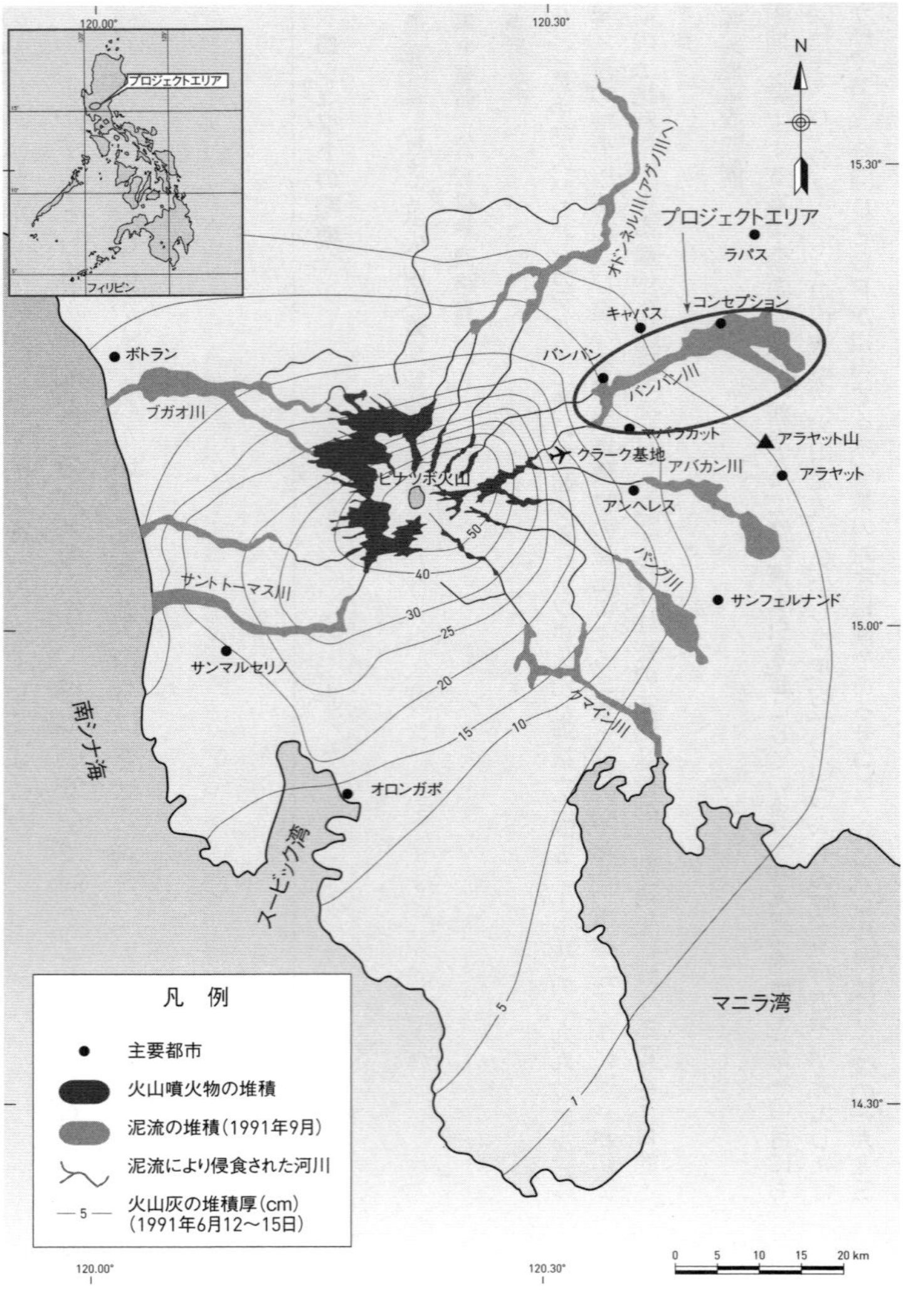

ピナツボ火山噴火災害図

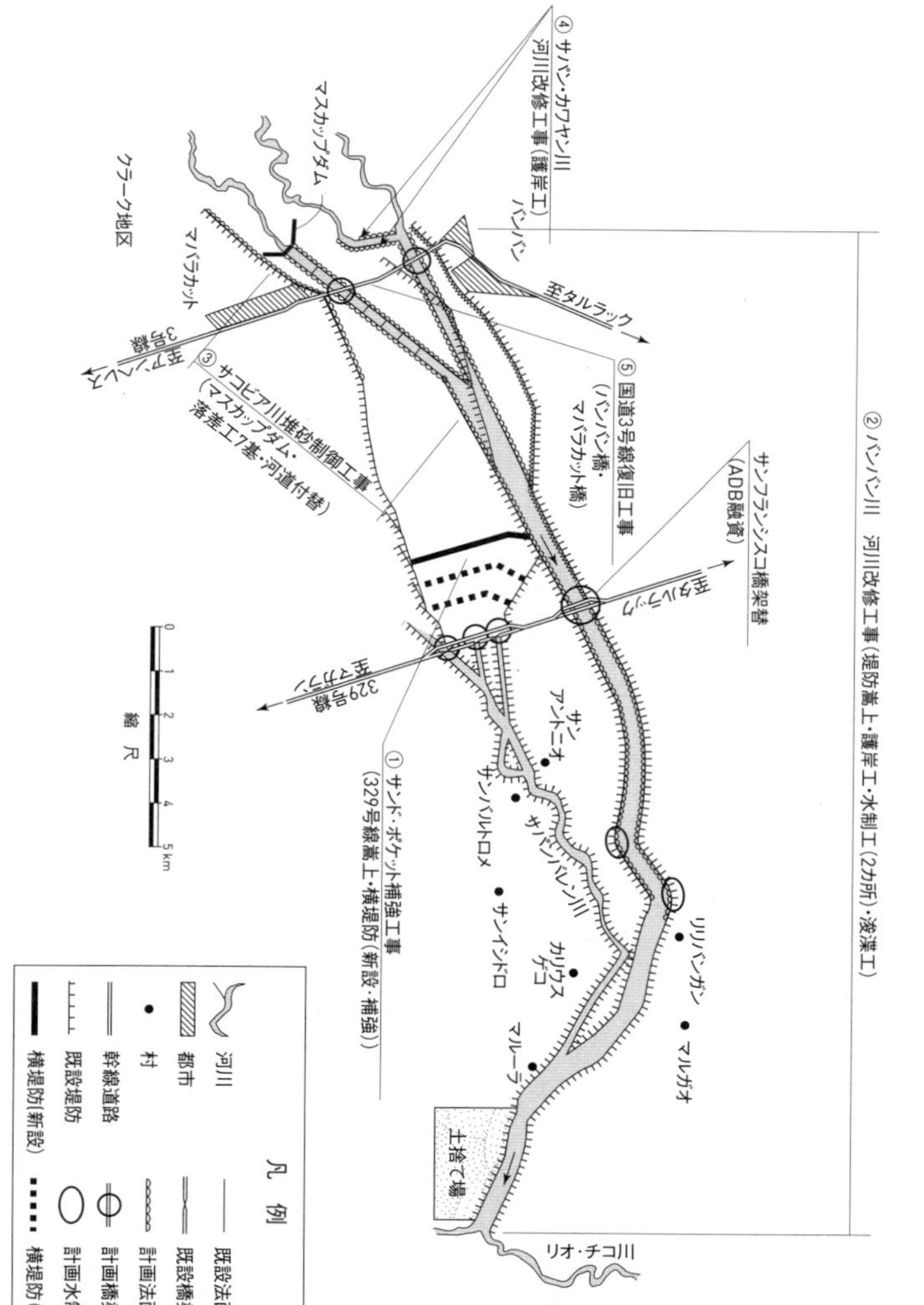

ピナツボ火山災害緊急復旧事業概要図

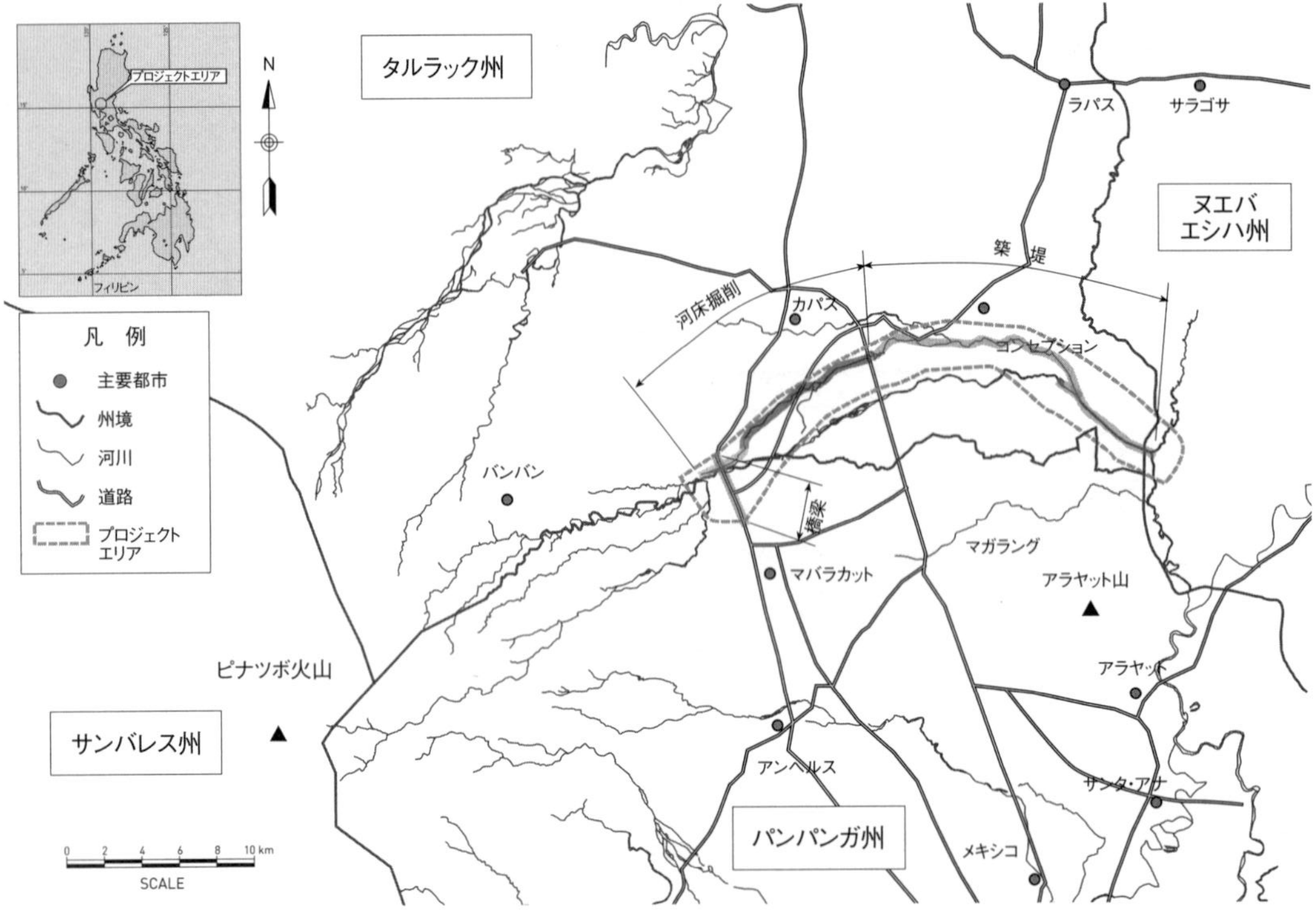

ピナツボ火山災害緊急復旧事業の位置図

(平成五)年の地形の変化によりこれ以上の新たな土砂供給の可能性は少なくなり、恒久構造物による地域の火山防災事業に投資できる環境が整ったと判断される。

事業全体計画

ピナツボ火山東側斜面を流下するサコビア・バンバン川、アバカン川についてはJICAチームが調査に入っており、一九九六(平成八)年三月を目途にF/Sレポートを作成中の箇所である。この二河川は一九九一(平成三)年の噴火後しばしば土石流に見舞われ、その流域で三〜一〇メートル程度地盤高が上昇した箇所である。現在は最上流端の地形が変わったためパッシグ・ポトレロ川に流下するようになっており、新たな土砂供給は起きなくなっている。したがってサコビア・バンバン川の方は恒久的な復旧工事に着手できる状態になっているが、パッシグ・ポトレロ川に係る部分は今後の土砂供給量が予想できないため全体計画が立てられない状況にある。なおピナツボ火山を取り巻く降灰の堆積状況は噴火災害図のとおりである。

今回融資対象部分

今回はサコビア・バンバン川のみが対象で土木工事の概要は以下のとおりである。施設配置の概略は災害緊急復旧事業概要図のとおりである。

・国道三二九号線の嵩上げ工事

(内容) 上流側に位置する国道三号の迂回路として利用されている国道三二九号の確保は最重要課題であり、この路線の保全と今以上の土石流の拡散を防止するために嵩上げを行う。関連工事としてバンバン川に架かるサンフランシスコ橋架け替え工事(ADB融資)がある。

(諸元) 延長一六五〇メートル、嵩上げ高二・六五メートル、幅員一一・一メートル、土工量七万六五〇〇立方メートル

・サンドポケット内の横堤防の築堤

(内容) 既に土石流が堆積し、現時点で耕作不能な土地に今後発生する土石流を積極的に堆積させる

ことを目的にしているが、土石流の勢いを弱めるために一部に切欠きを設けた堤防である。本事業では国道三二九号の上流に全体計画三基のうち、フィリピン政府が独自で実施する予定の下流側の二基を除く一基を建設する。ただし、フィリピン政府の設置した構造物が不十分な場合は本事業で必要な補強を行うこともありうるのでスコープとしては三基全体を含める。

（諸元）　総延長五九六〇メートル（一列目二一一〇メートル（補強）、二列目二二三〇メートル（補強）、三列目二七二〇メートル（新設））、非越流部高さ二・五メートル（有効高さ一・五メートル）、越流部高さ二・〇メートル（有効高さ一・〇メートル）、天端幅三メートル、水叩き二段（段差〇・五メートル、流水方向幅一・〇メートル）、材料蛇篭

・バンバン川の改修工事

（内容）　河床の上昇したバンバン川に流下してくる土石流に対応するために築堤、護岸工事および河道浚渫を行う。さらに特に浸食の恐れのある箇所に水制工を設置する。なお河道の流下能力は二〇年確率洪水対応とする。

（諸元）　延長二五・八キロメートル、計画流量毎秒一一一〇立方メートル、河床勾配一九〇分の一、河幅一七〇メートル、法勾配二割、堤防補強（天端幅七メートル、堤防補強六〇〇〇メートル、護岸工二万九〇〇メートル）、河道浚渫三四一万立方メートル、水制工（構造形式ＲＣ杭（透過式）、横断方向長二〇メートル、基数六基二カ所）

（注）　下流部の浚渫については事業後も引き続き流下能力の確保のため流送土砂を毎年一五〇万立方メートル、九年間浚渫する必要が見込まれている。事業費は内貨の手当をする予定である。

・マスカップ地点の床固め工

（内容）　扇頂部から上流に流下して堆積した土石が新たに発生する土石流と共に一気に流下してこないよう、河床を固定する構造物である。マスカップ地点に設置する。

（諸元）　計画流量毎秒七一〇立方メートル、マスカップダム本体（ダム形式鋼矢板によるダブルウォール

式、堤長四九〇メートル、越流部幅一五〇メートル、ダム高一二・七メートル(有効高さ三・七メートル)、ウィングダム(ダム形式土堤、堤長五四二メートル、ダム高二・〇〜三・五メートル)

・サコビア川河道付け替え工事

(内容)　土石流のため東に直進した河道をサコビア川を従来流下していた場所に戻す工事である。この工事により従前農地であった地域の復旧が可能となる。なお河道の流下能力は二〇年確率洪水対応とする。

(諸元)　延長二〇〇〇メートル、計画流量毎秒四一〇立方メートル、河床勾配一八〇分の一、河幅一五〇メートル)、設計水深一・四メートル、法勾配二割、河道掘削二八〇万立方メートル、護岸工一万三五六メートル、落差工七基(間隔五〇〇メートル)

・サパン・カワヤン川護岸工事

(内容)　サパン川の護岸補強工事を行う。流下能力を他河川と同様二〇年確率洪水対応とする。

(諸元)　延長一七〇〇メートル、計画流量毎秒一四〇立方メートル・河床勾配二五〇分の一、河幅一〇〇メートル)、法勾配二割、護岸工二六五〇メートル(右岸側一七〇〇メートル、左岸側九五〇メートル)

・国道三号線復旧工事

(内容)　上記工事の完了後主幹線道路である国道三号の復旧を橋梁部も含めて行う。

(諸元)　延長三四〇〇メートル、幅員一二・五メートル、嵩上げ高さ五メートル

橋梁二橋、橋長(マバラカット橋一九八メートル、バンバン橋一七五メートル)

事業費

総事業費：九二億一五〇〇万円

融資対象：六九億一一〇〇万円

基準年月：一九九五年一一月

参考情報

・河床堆積物の有効利用

サコビア・バンバン川の河床に堆積した火山噴出物（土砂）を砂利採取業者がダンプトラックを乗り入れて採取していた。マニラまで輸送して建設用骨材として一立方メートル当たり約一〇〇〇円で取引されている模様である。

・農地回復計画

本事業には事業後に砂溜りを農地に還元して住民の生活再建に資する計画の立案がコンサルタントのTORに含まれている。行政側では既に構想図を描き土地所有者には提示しており、今後本事業によりさらに具体化することが期待される。

今後の課題

・サンフランシスコ橋架け替え事業

ADB融資により本事業区域内の国道三二九号橋梁の架け替えが行われる計画があり、既に発注済であることが八月末のセクター調査の際に判明した。

しかし、桁下が約一メートルしかなく河川管理用通路としての機能の確保のためには問題がある設計である。

ADBの現地担当者とJICAチームに対して設計変更について協議するよう申し入れをしていた。

・堤体材料

火山噴出物をそのまま堤体材料として使用しているが、緊急対策用であればともかく、恒久構造物としての使用については疑問がある。しかし、審査時には既存堤防に山土を被覆し、護岸は練石張とする設計を提案しきたので了承することとした。

・河川横断橋梁の構造

国道三号のルートについては、比較検討を行い土地収用の最も少ない案を選定しているが、橋梁（マバラカット橋）が斜橋になるという構造上の難点があるため、詳細設計時に再検討することとした。

・河床変動予測

現在のサコビア川上流部の河床は、噴火以前と比して一〇メートル以上上昇している。しかし、大量のラハールの流下が止まったことと、下流で毎年一五〇万立方メートルの浚渫を行うことから、バンバン川とサコビア川合流点上流で、今後一〇年間ではこれまでとは逆に急激な河床低下が見込まれている。今回の事業では、当該箇所の低水護岸の整備も含まれているが、根継ぎが必要になる不安定な構造物になるとも予測されている。この対策にフィリピン国が投資予算を手当できるのかという不安材料を残すこととなる。詳細設計時にはこの点も考慮して検討を行う必要がある。

桃源郷 ―― インドネシア（デンパサール・バリ島海岸保全事業）

・こんなところにも日本の技術が！

二〇一〇（平成二二）年元旦。高校から大学まで一緒だった友人から年賀状が届いた。裏には背景にタナ・ロットが写った家族写真。「知っているわけないよな～」バリ島有数の観光スポットであるタナ・ロット。異教徒は本来この岩礁に上ってはいけないとされている。そして日没時が

観光スポットのタナ・ロット

とても美しいそうだ。このタナ・ロット、波による浸食が激しくて、このままだと岩礁の上に作られたお社が壊れてしまう恐れがでてきたので補強を施している。その補強には擬岩が使われている。もちろん日本の技術である。用・強・美を兼ね備えたすばらしい技術であるが、観光客にはあまり知られていないようである。

話はプロジェクト審査時に戻る。今回は建設省の海岸工学の専門家である宇多高明氏に技術的指導をいただくためにご同行を願った。我々OECF、事業を実施するPU（公共事業省）の本省および出先事務所そしてコンサルタントの総勢二〇名くらいで、ヌサ・ドゥア、サヌール、クタの三大ビーチとタナ・ロットの海岸線と海岸線に設置されている構造物を徒歩でつぶさに視察した。プライベートビーチも含めてお構いなし。世界から来た観光客が奇異の目で我々を眺める。何をジロジロ見てるんだ！こっちは仕事だぞ！（この異様さは、バリ島に遊びに行かれた方にはきっとわかっていただけると思う）。

・癒しの里

インドネシアはイスラムの国ではあるが、バリ島はヒンズー教が主流である。人口約二八〇万

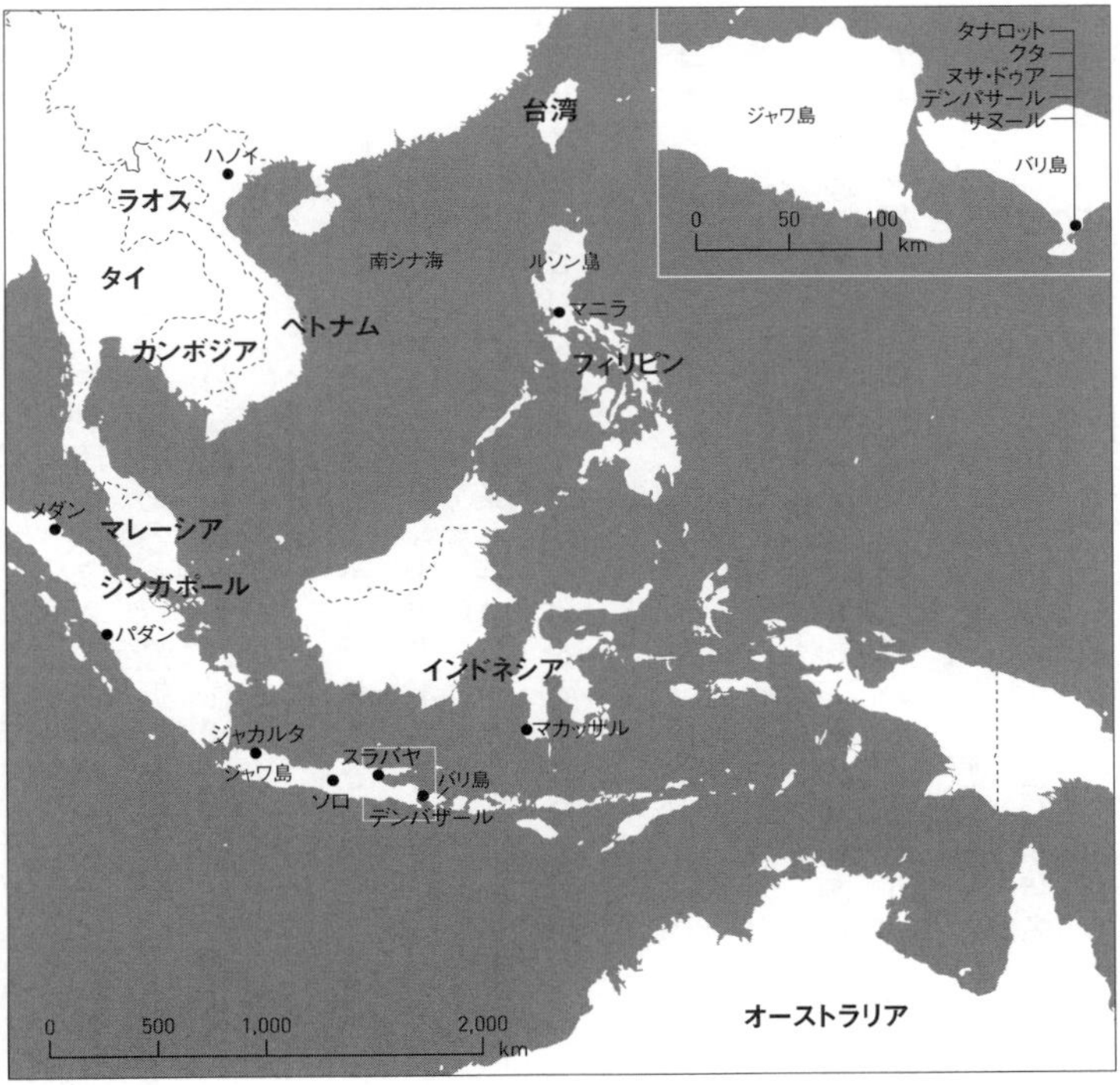
タナロット
クタ
ヌサ・ドゥア
デンパサール
サヌール
ジャワ島
バリ島
0
50
100
km
台湾
ハノイ
ラオス
タイ
カンボジア
ベトナム
南シナ海
ルソン島
マニラ
フィリピン
メダン
マレーシア
シンガポール
パダン
インドネシア
ジャカルタ
マカッサル
スラバヤ
ジャワ島
ソロ
バリ島
デンパサール
オーストラリア
0
500
1,000
2,000
km

人で、その九五％がヒンズー教だそうだ。個人の家の庭の片隅には必ず先祖の霊を祀る廟が建立されている。そして、朝晩お供えをする習慣がいまだに健在だそうだ。なんと麗しい姿、すばらしい文化が残っているのであろう。最近、わが国では子供を虐待する親が増えているが、先祖を祀る心を小さいうちから身につけていれば、そんな行動など取れるはずもないと思う。バリ島の習慣・文化を見習うべきである。

郊外に出ると一面の棚田が広がる。そこで三期作、四期作ともいわれる稲作が牛も含めた家族総出で行われている。そもそも赤道直下の暑い国なので一年中稲作に適しているのだ。私の親世代の目には、子供の頃の農業が機械化される以前の日本の田園風景と映る。もちろん私から見ても実に心が癒される暖かく懐かしさを感じさせる風景である。

・コーラル・マイニング

美しいビーチから潮が引くと、少し沖合に無数の水溜りを目にすることができる。これがコーラル・マイニングの痕跡である。採掘された後の無残な珊瑚礁の姿なのである。

なぜバリ島の海岸線が危機に瀕しているのだろう。原因は地球温暖化に伴う海面上昇だろうか。それもあるかもしれないが、もっと深刻な原因が、このコーラル・マイニングだ。バリ島など南の島に出かけると、よく白い壁や家の土台を見かける。それらは元は珊瑚礁だった岩石なのである。珊瑚礁は外洋から押し寄せてくる波の力を減衰させて島全体を守っている。南の島に岩石などぶんだんにあるわけではないので、昔から採掘はされてきた。もちろん少しくらいなら採取もかまわないが、大量に採掘すると防波堤を失うことに等しくなる。まともに波の力が島に到達するので、岩が削られ、砂浜を削るようになるのである。

バリ島はインドネシア最大の観光スポットである。島の人口二八〇万人に対して観光客は百一八万人（一九九〇（平成二）年時点）で四四％に達する。また、経済的に見ても観光収入は地域GDPの一五％に達する。観光資源にこれ以上の被害が及ぶと来訪客が減るため、政府も外貨獲得に支障を生ずることを恐れるようになってきた。そのため近年は採掘を規制しており、以前ほど大規模な採掘は行われなくなってきてはいるものの、残念ながらなかなか後を絶たないのが実情のようである。珊瑚に替わる安価な建築材料の確保が唯一の解決策かと思うと、とても残念な気持ちになる。

プロジェクトの概要

事業名 バリ海岸保全事業

実施機関 公共事業省水資源総局

事業目的

本事業は国際的観光地として有名なバリ島南部の三カ所の海岸保全（クタ、ヌサ・ドゥア、サヌール）と、地域の信仰の対象としてまた観光スポットとしても重要なタナ・ロットの保全を行うことにより、地域の環境保全とインドネシア国の経済発展の基盤整備に資することを目的とする。

事業地域の特徴

バリ島自体は火山島であり海岸線は四三〇キロメートルあるが、珊瑚礁の白い海岸は一八％にしか過ぎず、残りは火山噴出物で色は黒い。それだけに白い珊瑚礁の海岸線は貴重と言える。以下は本事業を実施する四つの地域の個々の状況である。

〈クタ海岸〉

この地区はデンパサール空港滑走路の北側に位置しており、三つの海岸の中で一番市民の利用も多い海岸である。汀線変化を見ると、一九七八（昭和五三）年から一九八八（昭和六三）年の一〇年間に二〇～六〇メートル後退している区間がある。一方で一九八七（昭和六二）年から一九九〇（平成二）年頃に設置した突堤、防波堤や養浜により短期間で三〇メートルも汀線が先進するという際だった変化を見せた箇所もある。これらの構造物の多くはホテルにより設置されているが、稚拙なものであり、設置から一〇年も経過しないうちに波力により損傷を受けるものが多い。なお、侵食の原因は珊瑚の掘削と無秩序な突堤等の構造物の設置によるものと考えられる。

〈サヌール海岸〉

この地区の汀線変化を見ると、一九七八（昭和五三）年から一九八八（昭和六三）年の一〇年間では基本的に全般的に侵食傾向にあるが、バリビーチホテルのヘリポートによりその南側のブロックのみ汀線が二〇メートル前進している。汀線変化の比較時期を変更すると全般的に前進しているように見えることもあるが、多くの構造物が設置されてきていることを考慮するとやはり全般的な後退が長期間続いていると考えることが適当である。

〈ヌサ・ドゥア海岸〉

この地区は南端に二カ所の岬がヘッドランドのように位置しており、岬をはさんで南側ではその影響を受けて侵食を受けづらい地形となっているため、基本的に堆積傾向にある。加えて、この地区はバリ島でも最も高級とされるホテルが立地していることから公共事業省が古くから積極的に侵食対策を行っており、無秩序な構造物の設置が回避されてきたことも功を奏している。一方岬の北側では、岬による沿岸漂砂の遮断と無秩序な構造物の設置により浸食が生じている。

〈タナ・ロット〉

当地区は保全すべき岩礁自体が信仰の対象となっており、この岩礁の根元がこれ以上の波浪による浸食を受けて倒壊することを防ぐことが必要であるが、浸食速度分布図によると水深三メートル付近で年間約〇・三メートルの浸食が進んでおり、いずれ岩山の根元までこれが及ぶことが予測される。一方で、これまで公共事業省が行ってきた対策により岩礁の北側に堆砂が見られる。参拝者は宗教上の理由から参拝前に足を海水に浸すことが必要であるが、干潮時にはこの行為が困難になってきており、堆砂の排除も課題になっている。

事業全体計画

（三海岸）

	クタ海岸	サヌール海岸	ヌサ・ドゥア海岸
T型突堤	三基	七基	四基
直線突堤	一基		
離岸堤		六基	二基
養浜	四区間	四区間	五区間

突堤撤去　一五基　四一基　八基
（タナ・ロット）
離岸堤　一基、テトラポット積み　約二〇〇〇基、同撤去　約三〇〇〇基、
防護壁（海側）　五三立方メートル、参道保全（陸側）　七二三平方メートル

今回融資対象部分

上記全体計画のすべてを融資対象とする。

事業費

総事業費：一二六億七五〇〇万円
融資対象：九五億六〇〇万円
基準年月：一九九六年三月

参考情報

・自然石と養浜砂の確保
自然石については珊瑚礁の色に近い花崗岩を確保するため、バリ島北東部のアメッドや近隣のスンバワ島を候補に採石地の選定を行う。また養浜砂についてはサヌール海岸の南端の砂州やヌサ・ドゥア沖等から、養浜すべき海岸の現況砂の粒度分布に対応したものを確保する。

今後の課題

・施工方法
現地調査の際にはサヌール地区で離岸堤の沖出しもしくは新設工事を目にしたが、海岸線から土砂を撒き出して工事用道路を築造していた。濁水の発生等がサンゴに悪影響を与えることを考えると本工事実施の際の仮設にも十分な配慮が必要である。

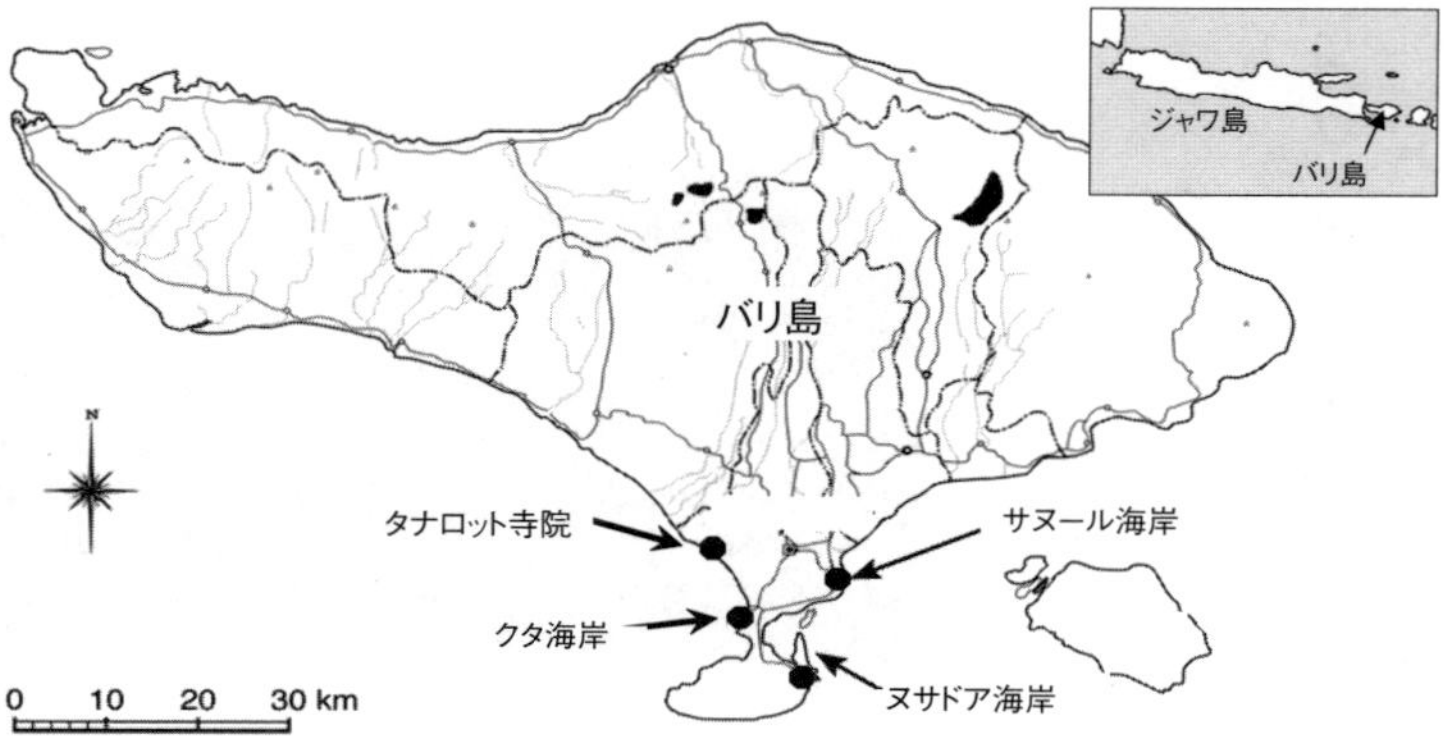

バリ海岸保全事業の位置図

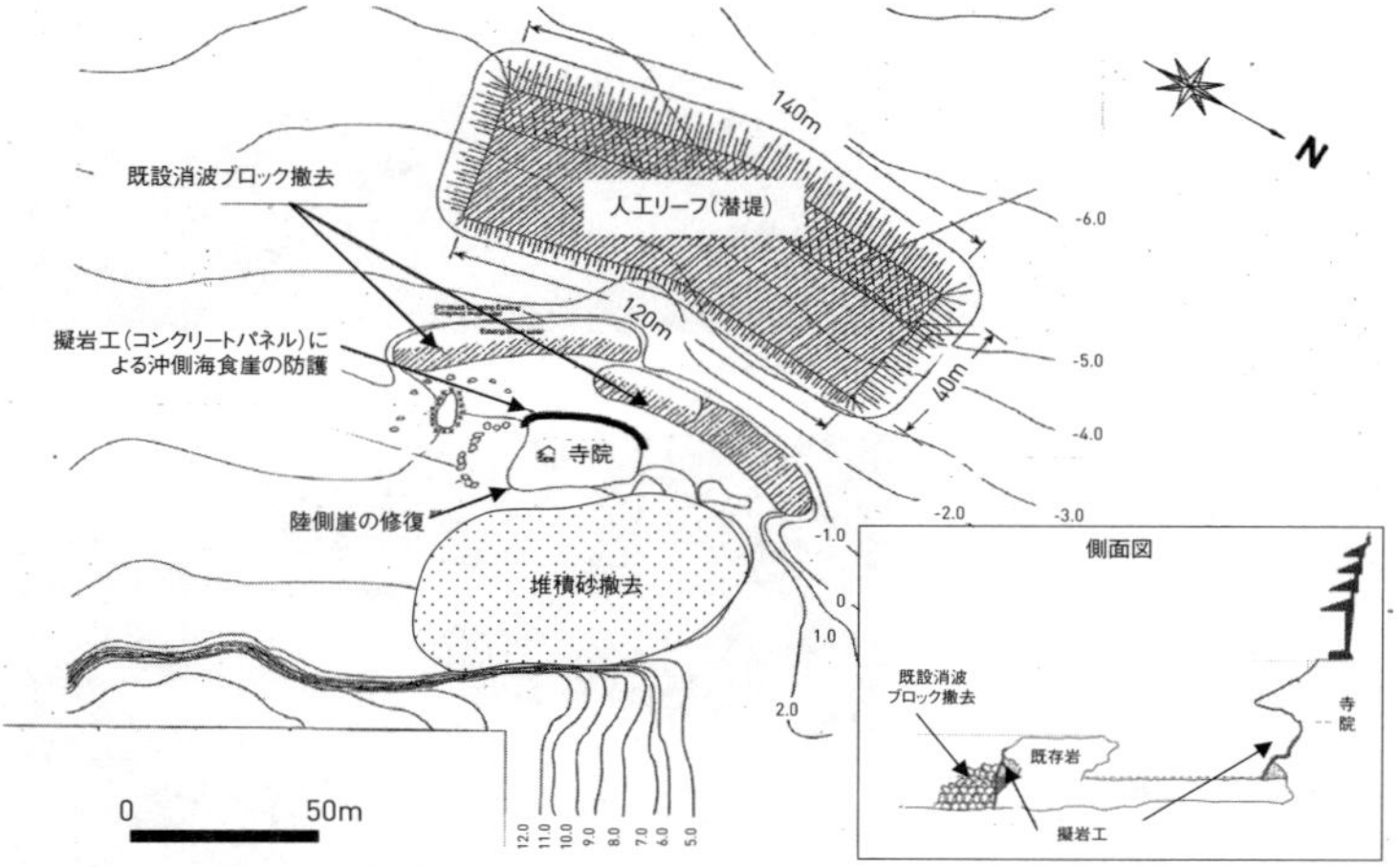

タナ・ロットの保全事業概要図

ブランタス・スピリット——インドネシア（東部ジャワ・ウォノレジョ多目的ダム建設事業Ⅱ期）

・ウォノレジョダム竣工

二〇〇一（平成一三）年六月。メガワティ大統領の臨席の下でウォノレジョダム竣工式が行われた。

クタ海岸

サヌール海岸

ヌサ・ドゥア海岸

私はこのことを長野県上伊那郡長谷村（現伊那市）の三峰川総合開発工事事務所で知った。多くの円借款のプロジェクトに関与したが、水セクター分野ではダムのような大きな構造物でもない限り、竣工式を行うこともないので、その後のプロジェクトの状況を把握することは難しい。

ウォノレジョダムは、ジャワ島東部のソロ川の南を流れるブランタス川の上流の支川に位置する。ブランタス川は流路延長三二〇キロメートル、流域面積一万一八〇〇平方キロメートルで、先に審査のために訪れたソロ川より少し小さい川であり、日本の河川と比べると流域面積が信濃川とほぼ同じである。特徴としては、最上流部に共に活火山であるスメル山（ジャワ島最高峰三六七六メートル）とクルド山を擁し、土砂の流出の多い川であるということである。

さて、ウォノレジョダムは、ブランタス川最下流に位置するスラバヤ市の上水の原水供給、ダム直下流に位置するトゥルンアグン県の中心市街地の洪水防御、および水力発電による電力供給といった三つの機能を兼ね備えている。当初は灌漑用水確保を整備目的の一つと考えていたが、下流のスラバヤ市が一九八二（昭和五七）年および一九八七（昭和六二）年に大きな渇水被害を受けたこと、そしてもう一つの大きな理由として、国内の米の自給に目処がついたことにより目的が変更されたという経緯がある。

流域にはこのダム以外にも上流から順にカリコントダム（水力）、カランカテスダム（水力）、ウリンギダム（多目的）などが順次整備されてきた。これらのダムも円借款により一九七〇年代に整備されたものである。

・記念植樹

鬱蒼とした森の中に突然開けた空間。現地視察の際に立ち寄った記念植樹サイトである。ブランタス川総合開発にこれまで関わってきた人々を必ず連れてきて、記念に植樹をしてもらっているようだ。知っている人の名札もいくつかある。我々も一番奥の更地に案内された。そこには三、四種類の苗木が用意されていた。どの木がよいか選んでくれと言っているのだとすぐに理解した。せっかく植えるのなら、真っすぐ育って大きくなる木が良いと告げると、現地の公共事業省の職員は近くの背の高い木を指さしながら、「それならこの木がいい。この木は大きくなる。この木の苗木はこれだ」と教えてくれた。手伝ってもらい植樹を終えると、「この木が大きくなる頃、またここに来てほしい。これが植樹証明書だ。今日はこの地を訪れてくれてありがとう」と言われ、「こちらこそ、どうもありがとう。良い記念になった」と返答した。

植樹を終えて現地を離れてから、ふと疑問が湧き起こった。というのも現地に残された新たな植樹のための空間が残りわずかになっていることに気がついたからだ。ブランタス川でのプロジェクトはまだまだ続くだろう。あそこが一杯になったら次はどうするのだろう。周辺の森を新たに伐開するのだろうか。そう思うと少し後味の悪い記念行事であった。

・ダム堆砂とダム建設の是非

記念植樹を終え、過去に整備されたダムの一つであるウリンギダムを訪れた。水面には浚渫船が浮かんでおり、単調な作業を繰り返している。

このダムは一九七九（昭和五四）年にOECFの円借款により完成したダムである。ブランタス川は源流部にクルド火山を擁しており、基本的に土砂の流出量が多い。ウリンギダムでは発電用取水口の周辺に土砂が堆積し、取水に支障をきたすようになりかけており、浚渫工事を行っているのだ。公共事業省の職員によると、この浚渫工事とともに、源流部のクルド火山防災事業による堆砂用砂防ダムの建設によって問題は解決できるとのことであるが、定期的に噴火を繰り返す活火山が相手であり、完全に対策が完了できるとは到底思えなかった。

「上流に活火山があって土砂の流出量が多いことは最初からわかっていた。だからそんなところにダムを造るのがおかしい。いずれ役に立たなくなるのだからダムは無駄だ」と言うのは簡単である。しかし、水力発電は再生可能なエネルギーである。自国に油田があるとはいえ、外貨獲得のための貴重な資源でもある。むやみに火力発電に頼ることは国の政策としてあり得ないのだ。ウォノレジョダムにおける発電設備もその規模はさほど大きなものではなくても、石油を使わない自然再生エネルギーであるという理由によりインドネシア国政府が熱心にその併設を働きかけた結果であることは重要な視点である。

ダムの堆砂問題は、しばしばネガティヴにとらえられることが多いが、実はこのウリンギダムは、クルド火山からの大量の土砂流出を想定して、最初から大きな堆砂容量を確保して計画されており、これまでも絶えず浚渫が行われてきた。つまり浚渫は最初から織り込み済みなのである。

なおブランタス川以外でも、隣接するソロ川流域上流に位置するウォノギリ多目的ダムで円借款による貯水池堆砂対策事業を実施中である。

ここで悲しい事実を記しておかねばならない。このダムでは建設に先立つ地質調査中に日本およびインドネシアの七名の尊い命が失われたと聞いた。日本人は日本工営の技術者である。ここに異国の地で志半ばで逝った彼らの冥福を祈りたい。

・ウォノレジョダムの発電

ウォノレジョダムの建設の目的は大きく三つあることはすでに述べたが、三つ目の目的である発電は少し複雑である。発電所が二カ所に分かれているのである。まずダム堤体に併設されている発電所である。乾期にスラバヤ市への上水の原水補給を行うが、この時のダムからの放流水を利用して発電するのである。これはどこでも見かける普通の発電である。もう一つは主として洪水期にウォノレジョダムから放流された水を利用してダムから遠く離れた場所で行う発電である。これはウォノレジョダムが立地するブランタス川の分水嶺がインド洋側に近いという地理的な優位性があり、加えて過去に整備されたパリットアグン水路の浚渫を行えば、南のインド洋側への導水が容易に実現できるからである。パリットアグン水路から既設の発電トンネルに導水し、インド洋に水を落として発電を行う仕組みになっている。

ブランタス川の流域管理

ブランタス川の総合開発は、日本の戦後賠償の最優等生と呼んでも過言ではない。現在ではプロジェクトの実施は公共事業省水資源総局が引き続き受け持っているが、その後の施設管理は公共事業省傘下の別組織である水管理公団(Perum Jasa Thirta)が行っている。この組織の発足以前は、ブランタス川流域開発事務所、国営電力企業、東ジャワ州政府公共事業部が完成した施設を分担して運営、維持管理しており河川管理に係る責任体制が不明確になっていたのだ。これに対してOECFが提言を行い、一九九〇(平成二)年にPJTが設立されたのであるが、それ以後は河川、ダムの施設管理と水資源の管理を総合的に実施する役割を担っている。なお、この組織は基本的に政府からの交付金や補助金はなく、原水と電気の販売収入により河川とダムの維持管理を行うという独立採算制を取っている。加えて日本からのハードおよびソフトの技術移転により気象観測や予測まで自前で行うまでの技術力を備えるようになってきている。しかし、導入した先進的な設備の補修部品(ダム制御用コンピューターやラバー堰等)は国内での調達は困難であり、将来的な課題でもある。またこのことは、他の途上国援助においても同様の課題となるもので、援助される側の技術力や経済力等を最初に考慮することの重要性を示唆するものである。

参考文献

・日本工営「ブランタス河の開発」一九九七年

プロジェクトの概要

事業名 ウォノレジョ多目的ダム建設事業Ⅱ期

実施機関 公共事業省水資源総局

事業目的

本事業は下流のスラバヤ都市圏に生活用水の原水を供給し、トゥルンアグン県の洪水被害の軽減を図るとともに、ダムから放流される水を利用した水力発電を行うための多目的ダムの建設である。ブランタス川流域開発事業の一環として位置付けられるウォノレジョダムの第Ⅱ期建設事業であり、既に一九九三(平成五)年度の円借款案件として実施中である。

事業地域の概要

・上水の原水供給(スラバヤ都市圏)

受益地はインドネシア第二の都市であり、また東ジャワ州の州都スラバヤ市の都市圏である。本地域は人口急増地域であり近年の人口増加率は約三%である。一九九五(平成七)年現在のスラバヤ圏域の人口は約二九三万人で、さらに二〇一〇(平成二二)年には現況の五二%増の約四四五万人を見込んでいる。現在の一人当たり使用量(有収水量)は一日約二〇〇リットルである。当地域では一九八二年と一九八七年の乾期に大きな渇水に見舞われ、水量の不足とともに水質の悪さが社会問題化した。

・洪水防御(トゥルンアグン県)

ウォノレジョダムとセガウェ転流工が建設されるソン川およびゴンダン川の下流域は、トゥルンアグン県の中心地区で洪水が頻発している。過去にアジア開発銀行(ADB)の支援によりトゥルンアグン排水事業が実施されているが、この事業は本事業と同時に実施されて初めて効果が出るように計画されていたのである。つまりソン川の洪水のうち毎秒一六〇立方メートルをセガウェ堰によりウォノレジョ貯水池に貯留する本事業の実施は、一〇年確率洪水に対応するために不可欠であったのである。

・発電

本事業では、ブランタス川下流のスラバヤに供給する上水原水をダムから放流する際に水力発電を行う計画である。したがって乾期のみの発電となり、発電能力も小さいが、インドネシア政府には再生可能な水力発電に積極的に取り組むポリシーがあり、本事業に組み込まれている。またこれ以外に、雨期のダム水位調節により生じる余剰水を、ブランタス川下流ではなくパリットアグン水路により流域外導水し、インド洋側で大きな高低差を活かした発電も行う計画である。発電した電力は、当地域のジャワ・バリ送電網に乗せられ近隣で消費される。

事業全体計画

①ウォノレジョダム

・貯水池　流域面積：一二六・三平方キロメートル、湛水面積：三・八五平方キロメートル、総貯水容量：一億二二〇〇万立方メートル、有効貯水量：一億六〇〇万立方メートル

・ダム　ダム形式：中央コア型ロックフィルダム、ダム高：一〇〇メートル、堤長：五四五メートル、堤体積：六一五万立方メートル

・余水吐　計画洪水流量：毎秒五四〇立方メートル、形式：越流式(水門なし)、越流長：一一メートル

・放流管　取水形式：傾斜式、管径：三メートル、最大放流量：毎秒四三立方メートル

②セガウェ堰

流域面積：八二・八平方キロメートル、取水堰形式：水門式、堰高：一〇・五メートル、水門：高六メートル＊幅六メートル＊四門、洪水吐容量：毎秒五三〇立方メートル

③転流トンネル

断面形：馬蹄形、内径：五・〇メートル、延長：七六五メートル、通水量：毎秒一六〇立方メートル

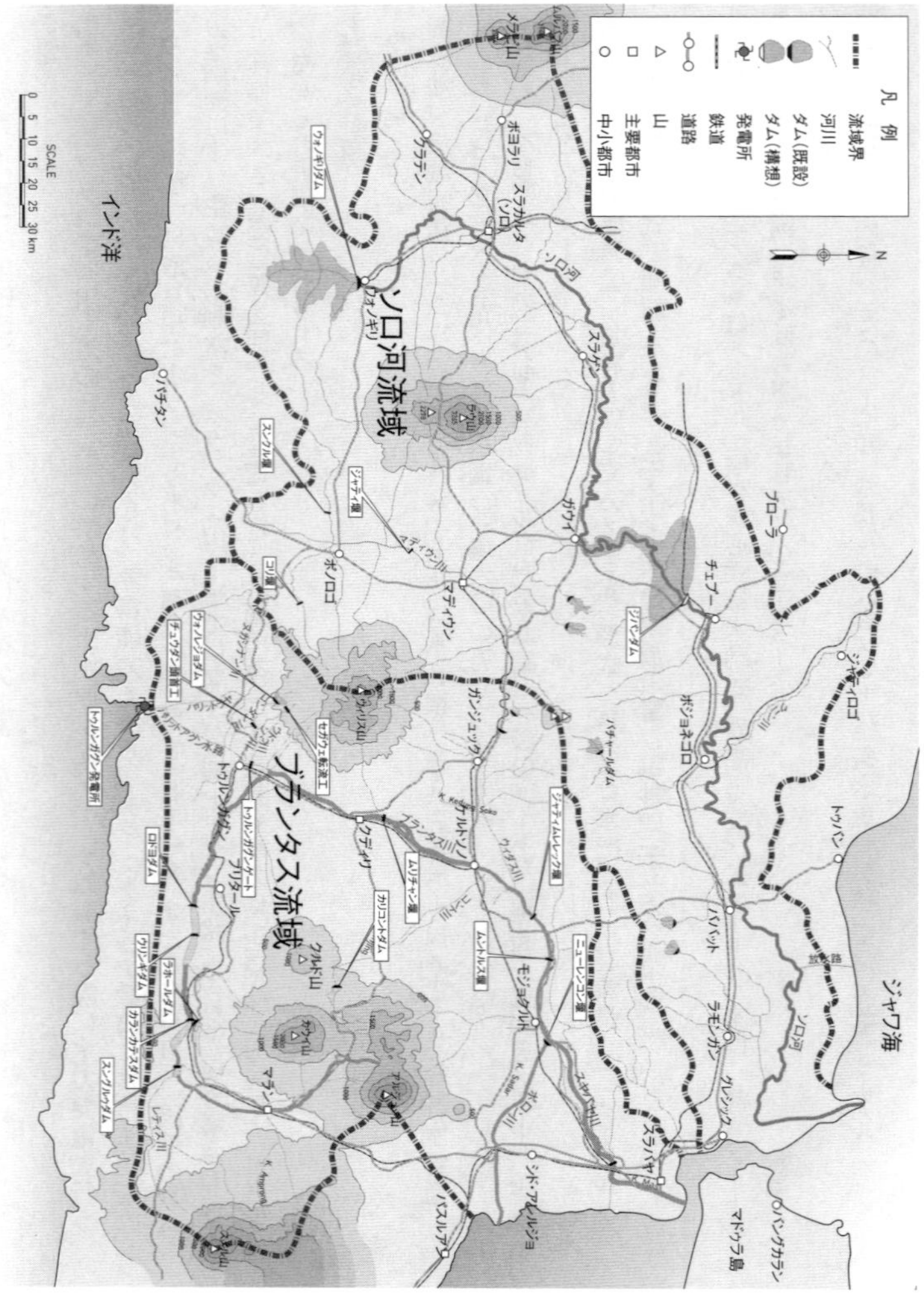

ソロ河とブランタス川流域図

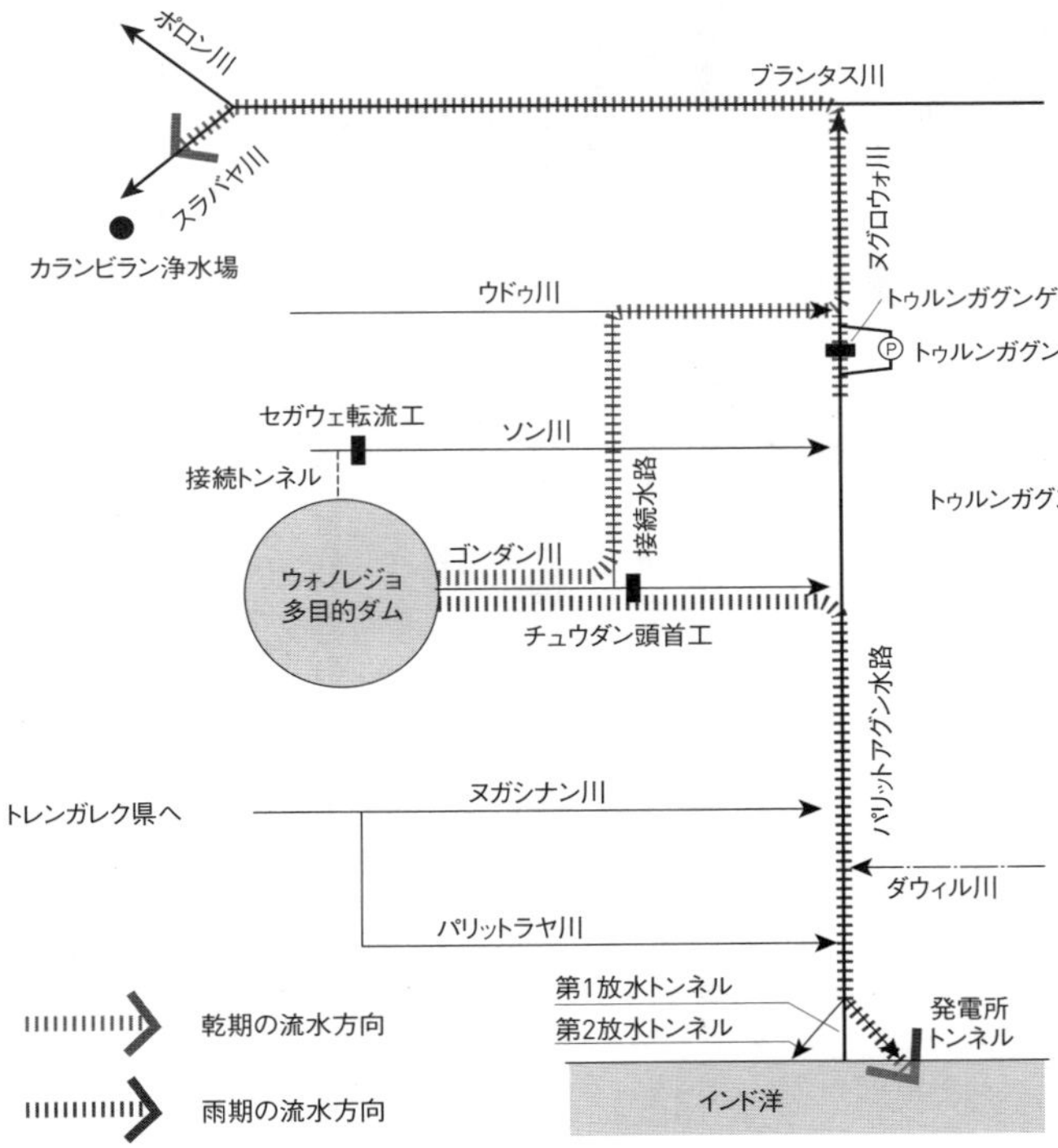

ウォノレジョ多目的ダム建設事業の概要図

④ウォノレジョ発電所
取水口：傾斜式、圧力鉄管：内径一・九メートル＊延長一九五メートル、発電：水平フランシス型六五〇〇キロワット、年間発生電力量：三二・七GWh、送電：ウォノレジョ・トゥルンアグン変電所間、七〇kV、一三キロメートル
⑤チューダン堰および水路
堰形式：水門式、堰高：一二・〇メートル、水門：高五・八メートル＊幅六・五メートル＊四門。水路：台形開水路三・六キロメートル、最大容量：毎秒一五・〇立法メートル
⑥トゥルンアグンポンプ場
形式：縦軸流、基数：三(予備一基)、容量：毎分二二五立方メートル／基
⑦パリットアグン水路
延長：一四キロメートル、浚渫土量：七五万立方メートル
⑧低水管理用テレメーターシステム
テレメーターシステム：一九カ所、水文諸データ観測所：八カ所

今回融資対象部分

上記のうち
・①、②、⑤、⑥の鋼構造物の製作・据え付け
・⑤、⑥、⑦の土木工事
・⑧の設置

事業費

総事業費：五〇億二六〇〇万円
融資対象：三七億五六〇〇万円

基準年月：一九九六年三月

参考情報

・住民移転

ダム水没地の土地の買収と住民移転（三四九戸）についてはⅠ期事業で完了させる計画であったが、Ⅱ期事業審査時点では一五九戸の移転がまだ完了していなかった。しかし、移転交渉は完了しており、移転地の造成工事の認可待ちの状態であったこと、および移転が済んでいない家屋はすべて水没地より標高の高い場所にあることから、事業の進捗に影響はないものと判断し、Ⅱ期事業に対する借款の継続を妥当とした。

今後の課題

・上水道施設の改良と整備

スラバヤ市の上水道は一九九五（平成七）年時点で無収水量が三四％に達しており、ただでさえ乏しい水資源の三分の一が失われていることになる。二〇一〇（平成二二）年には二〇％まで低下させると見込んでいるが、この時点での給水見込み量毎秒一七・二三立方メートルに基づくと無収水量は毎秒約三・四立法メートルと予測していることになる。一人当たり使用量を一日二〇〇リットルとすると一四七万人分を賄える計算になる。水道施設の補修が必要であることは言うまでもないが、残念ながら本事業を実施する公共事業省内の他部局の所管になっており、水資源総局の権限が及ばないことが残念である。

また、同様にダムが整備されても浄水設備と配水管が整備されないとダムの効果が発揮できないので、今後の両部局の設備投資の進度調整等の連携も重要になってくる。このことについては審査時の議事録にも記述しておいた。

（追記）　上記の懸念は現実のものとなった。本事業が完了後の事後評価において、スラバヤ市水道公社の浄水設備と配水管の整備は十分行われず、開発した水は十分活かされていないと結論付けられている。また、配水管の補修も行われず、無収水率も改善されていない。

・水質管理と維持流量の確保
ブランタス川の中上流部は土砂による濁りが目立つが、最下流部のスラバヤ市内では生活雑排水に混入している化学物質による汚染が進行している。宿泊したホテルの窓から見える幅三〇メートルほどの小河川では大量の泡が発生している様子がうかがえた。流域の管理を行っている水管理公団（ＰＪＴ）では流域内の五一カ所の観測所で基礎的な水質測定は行っているが、排水規制等の権限は与えられていない。今後基準を作る際には当然濃度による管理になるであろうから、平常時の河川の維持流量の設定とその確保方策の検討が必要になってくる。
・低水管理
本事業で建設されるウォノレジョダムは、上水の原水供給先であるスラバヤ市から約一三〇キロメートル上流に位置している。この間、灌漑用水の取水施設が多数あるが、渇水時には農民も懸命に用水確保に努める。したがって、スラバヤ市で水が必要な時にダムから放流した水が届かないことが懸念される。そのためにもリアルタイムで河川流量を把握できる低水管理システムの導入が不可欠である。

ミス・サイゴンを探して ―― ベトナム（首都ハノイ・ハノイ水環境改善事業）

・ミス・サイゴン
ミュージカル「ミス・サイゴン」の日本での初演は一九九二（平成四）年で、翌年まで上演されていた。このミュージカルを観覧した人は延べ一一一万人に達し、当時としては空前の数字だったそうだ。もちろん私もその一人である。その数年前にはベトナム戦争を描いた映画が前後して何本も作られた時期があった。代表作はチャーリー・シーン主演の「Platoon」(プラトゥーン)。実はその頃から一度本物のアオザイをベトナムで見てみたいと思っていた。アオザイとチャイナドレス。形はよく似ているが、個人的には清楚な感じのするアオザイに圧倒的に軍配が上がる。そこにベトナム出張の案件が舞い込んできたのだ。私が内心喜んだのは言うまでもない。

ここはハノイのノイバイ国際空港。軍の力が強い国に入国する時には緊張感を覚えるが、問題なく手続きが完了して車でホテルに直行した。ホテルの受付に立つ女性は当然アオザイ姿と期待していたが、普通の洋服を着た女性でがっかりした。しかし私の祈りが通じたのか、不思議なことに翌朝は同じ女性がしっかりアオザイ姿で受付に立っていた。とりあえず満足であった。でも、もっと欲を言えばサイゴン(現ホーチミン)でアオザイを見たかったな〜。

二〇一〇(平成二二)年四月一五日の日本経済新聞によれば、ベトナムのハノイ・ホーチミン間に日本の新幹線の導入が決まりそうである。これまでこのベトナム二大都市の移動に三〇時間かかっていたのが、なんと六時間に短縮されるそうだ。政治の都と商業の都がグンと近づくことに、日本の技術力が大きな貢献をすることとなる。がんばれ日の丸新幹線!

・「紅い河」に牛の群れ

本当は「ハノイ」ではなく「ハ・ノイ」であることを知った。そして、「ハ・ノイ」とは「河内」つまり「川の中」という意味なのだそうだ。おそらく地形が低平地で、あたり一帯が河川の氾濫原であったのだろう。

「ハ・ノイ」で河川といえば紅河「Red River」である。実際に行って見ると、市の中心を流れる紅河には赤茶色の水がゆったりと流れていた。普段は水には浸からない河川敷や堤防には、牛が放し飼いの状態でのんびり草を食《は》んでいた。牛は体重が重過ぎて堤防の上《のぼ》り下《お》りの際に土手を荒らしてしまうので、本当はヤギぐらいのほうが良いと思うのだが、ヤギも草を根こそぎ食べてしまうので次の緑が出てこないという難点がある。河川敷の草は牛にとっても餌になり、除草の手間が省けるので、重さの難点を除けば一石二鳥と言える。

河川敷の草木処理については、わが国では最近でこそ維持管理費用の節約と地元の公共施設への愛着の観点から、ボランティアによる草刈りも導入されつつあるが、ほとんどが建設会社にお金を払って刈り取ってもらい、自治体の焼却炉で焼却処分するか、受け入れてもらえない場合は、さらにお金をかけて埋立て処分場に持ち込んでいるのが実情である。また、処分方法も一〇年くらい前までは野焼きをしていたのだが、ダイオキシンの毒性の問題が起きた際に、環境省所管の法律「廃棄物の処理及び清掃に関する法律」により屋外での焼却が禁止され、わざわざお金をかけて処分せざるを得なくなった。そして現在では、地球環境つまり低炭素化社会実現のためにも、刈り取った草や木から安価で省エネのバイオ燃料を取り出す技術開発とその普及が急務になっているのである。

・ラグーン

「ラグーン」と聞くと南の島をイメージされるのではないだろうか。私もそうであった。しかし、意外なところで「lagoon」の文字に出会い、和訳を調べることになった。下水道設備プロジェクトのレポートの文中である。普通の英和辞書には「潟」とか「礁湖」としか訳がのっていなかったが、OECF着任後に勧められて購入した『リーダーズ英和辞典』を引っ張り出した。ある、ある。「(排水処理用の、人工・天然の)貯水池」。

そして現地視察である。そこかしこに無数のラグーンがあった。さながら水を張ったばかりの水田の様に見える。一般的に援助を必要としているような国では、高価な機械設備の近代的な下水処理場を建設する資金がない。だからラグーンを連結して、浮遊物などを沈殿させて上水《うわみず》を下流のラグーンに流し、それを繰り返していく。こうすれば、有機系の汚濁の除去に限られはするものの、無処理で河川に放流するよりは汚染の度合いがはるかに小さくなるのである。汚水量とラグーンの大きさのバランスが良ければ、河川の汚染に対してはこれで何の問題もない。周辺のない臭いと沈殿物の後処理の大変さを無視すれば、非常に安価で安定した水質が確保でき、故障もしない下水処理施設となるのである。技術力や交換部品、維持管理の費用に不安のある発展途上国にお勧めできる施設であることは間違いない。

ただし、人家密集地区内に臭いをプンプンまき散らしながらドブが流れ下り、終末処理場であるラグーン付近でも臭いがするのであるから、将来の都市の発展を考えると、お金をかけて近代的な下水道と下水処理場を整備したくなるのも道理である。

それにしても市街地の排水路は泡だらけであった。そして私の目には、私が育った高度成長期の日本の景色が二重写しになって見えた。

・ワインで乾杯

わずか五日の滞在であり、しかも新たな円借款供与のための審査でもない。もちろん次の円借款に備えての現地調査ではあるが。にも関わらず、我々ミッションへの歓迎は忘れない。これがベトナム流なのだろうか。

舞台は仏領時代の歴史を感じさせる建物。金色の肩章のついた礼服を着た党人が多数。ベトナム戦争の映画で見た光景そのもの！　そして歓迎の方法もフランス流。まずミッションメンバーへの歓迎の辞を述べて、次に赤ワインで乾杯である。この式典だけで一時間近くかかった。さすがベトナム共産党と見るか、ベトナム人の感謝の意と、今後の日本からの援助への期待感を表す流儀と見るか。どちらにしても恐れ入った。

・がんばれ神戸市営バス（第二の人生）

私はハノイでの仕事を終え、空港でシンガポール行きの飛行機を待っていた。次の任務のために一人でシンガポールを経由してジャカルタへ飛ぶのである。待合室から外を眺めていると、どこかで見た記憶のある懐かしさを感じる車体を見つけた。駐機場と空港ターミナル間で乗客を運搬するためのバスである。この飛行場ではターミナルにボーディングブリッジがないために移動用のバスが必要なのである。羽田空港にも連絡バスがあるが、こちらはボーディングブリッジが不足しているために用意されているのでちょっと意味合いが違う。バスは広告を除くと白と緑のツートンカラーであった。「あっそうだ。神戸市営バスだ」。青い企業広告が車体に上書きされているが、よく見ると神戸市の市章もそのままボディーに残っている。なんと、ほぼそのままの姿で異国の地で第二の人生を歩んでいたのだ。というわけで、私は懐かしの神戸市営バスに乗って、シンガポールエア機に搭乗したのであった。異国の地で第二の人生をがんばっているバスに、いとおしさを覚えながらハノイを後にした。

プロジェクトの概要

事業名 ハノイ水環境改善事業

実施機関 ハノイ人民委員会

事業目的

ハノイ市内の排水路、湖沼および河川を改修、浚渫し、また調節池、ポンプ場を建設することで洪水による環境悪化を改善するとともに、下水道を整備することにより水質汚染を軽減することを目的とする。

事業地域の特徴

事業の対象となる地域は首都ハノイの中心部であるが、紅河のデルタ上に位置しており、紅河とヌエ川に挟まれた低湿地である。域内で高低差がほとんどなく、加えて排水先の紅河は低水期(標高三メートル)と豊水期(同一〇メートル)で七メートルもの変動があるため、豊水期には排水ポンプで市街地の排水を放流するしか方法がない。このため、市域の大部分の浸水は数年に一度、小規模な浸水は毎年頻繁に起きている。

また、仏領時代に整備された排水設備は劣化しており、堆積汚泥の除去がなされないなど維持管理不足で状況は悪化するばかりである。さらに、近年の都市化の影響により河川、湖沼、排水路の水質悪化も生じており、これらが今後の経済発展の阻害要因になりつつある。抜本的な衛生環境改善のためには下水道整備が必要であるが、当面は市内の排水路の機能回復と自然の浄化力を活かした計画的な調節池の整備が急がれる。

事業全体計画

(緊急修復計画)

・下水管および排水路堆積汚泥除去用機械の購入

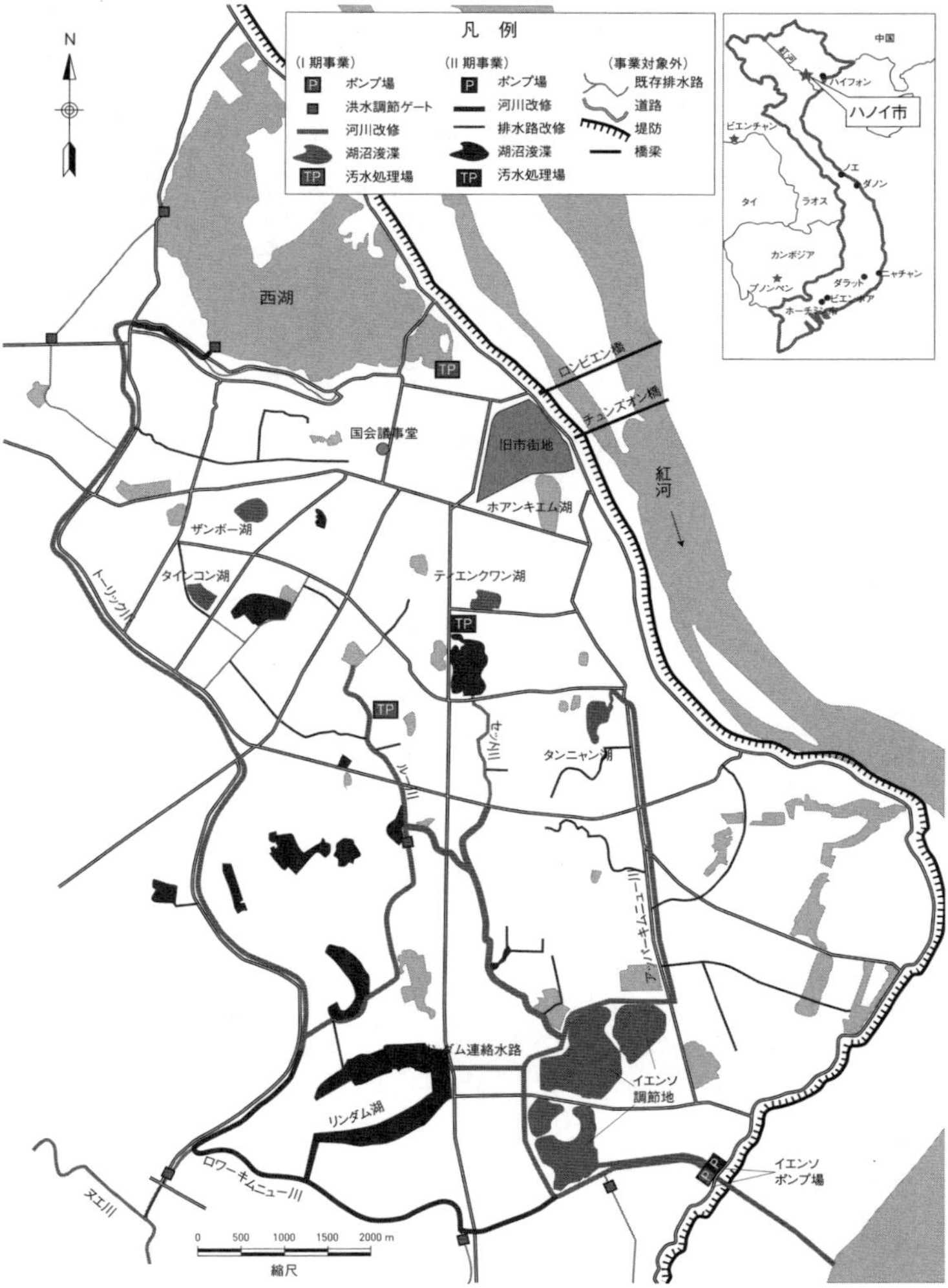

ハノイ水環境改善事業の位置図

・当該施設の堆積汚泥除去工事
（トーリック川流域排水計画）
・イェンソーポンプ場：毎秒四五立方メートル
・イェンソー調整池：調整容量三九〇万立方メートル、面積一三〇ヘクタール
・接続水路（イェンソー調整池―リンダム湖間）：一〇〇〇メートル
・洪水調節ゲート：七カ所
・河川改修：三万四〇〇〇メートル
・排水路改修（狭窄部の拡幅）：橋梁五四橋の架け替え
・湖沼浚渫：四池
・汚水管および雨水管整備：全体計画対象約六二〇〇ヘクタールの約二割
・汚水処理場：二カ所

融資対象部分

上記内容のとおり

事業費

総事業費：二三八億八六〇〇万円
融資対象：一八五億七〇〇〇万円
基準年月：一九九七年一〇月

参考情報

・イェンソーポンプ場
ポンプ場は毎秒四五立方メートルの大きな排水能力を有している。しかしこれを一台当たり毎秒三立方メートルの小型ポンプの組合せで対応することとした。機械設備は将来のメンテナンスが一番の課題にな

る。大きな能力のポンプも導入は可能でありかつ運転には効率が良いが、故障した時や設備の更新時には国内で対応が困難である。地元で修理ができる規模への小分けは賢明な判断といえる。なお、このポンプ場はⅡ期事業でその能力を毎秒九〇立方メートルまで増強する予定である。

今後の課題

・市街地の衛生環境

面的な下水道管の整備と同時に、各戸での下水道への接続が課題である。また現状では汚水は道路側溝を経由した接続方式になっているが、直接管渠に接続していないので人が触れる可能性もあり、衛生上大いに問題がある。とはいえ、各戸での下水道への接続は日本でもなかなか円滑には進まないケースもある。本人が不便を感じないからだ。改修に必要な一戸当たりの費用は微々たるものであるが、その実現には手間と同意取り付けが難しく改善には長期間を要するであろう。それとも人民委員会からの命令があれば、簡単に接続できるのだろうか。

第五章
南アジア編

国土の五分の一が水没する国——バングラデシュ（ジャムナ川・ジャムナ多目的橋建設事業）

・祈り

「バングラデシュのお友だちも、早くおうちが直りますように。アーメン」。息子が通っていたキリスト教系の幼稚園では、給食を食べる前にお祈りしていた。その最後のフレーズがこれである。幼稚園で話を聞くと、園に関係している牧師さんがバングラデシュの支援に協力しており、その活動に賛同して園も応援している関係で、このフレーズがお祈りに含まれているそうである。

世界の最貧国の一つであるバングラデシュ。人口一人当たりの年間の所得が二〇〇ドル以下（約二万円）である。家族五人で一〇万円弱。一カ月ではなく一年間である。日本では考えられない生活水準である。そんな国だからこそ、外国からの援助に対する期待は非常に大きい。

ガンジス川から大きな恵みを受けるといわれているバングラデシュ。その象徴は国旗にも現れている。肥沃な大地を思わせる緑色の地に、真っ赤な太陽を思わせる赤い丸。そう、この国の国旗は日本の国旗に非常に似ている。

・ガンジスとの共生

「ガンジスとの共生」という言葉には、地球環境を考えなくてはならない時代にふさわしい響きがある。しかしバングラデシュでは自然に任せておくと毎年国土が水没する。しかもその面積が半端な数字ではないのだ。国土の五分の一が毎年水没するのである。さらに大きな洪水のあった年には半分が水没する。先の「祈り」に出てきた「こわれたおうち」も、ガンジス川等の氾濫やサイクロン襲来に伴う高潮で破壊された家である。

では、氾濫しない年は幸せかというとそうでもない。そこに悲しい現実がある。洪水は大変な被害をもたらすが、それと同時に氾濫流の去った後には肥沃な大地が残るのだ。逆に氾濫流がない年は、耕作地の水分と養分が不足して収穫量が減少し、飢饉になるのである。バングラデシュの国民は、否が応でも正に「ガンジスとの共生」しか生きる道がないという宿命なのである。

このような国の治水をどう考えればよいのだろうか。やはり守るべき集落を輪中堤防によって守る治水が即効性、経済性に優れているのであろうと思う。

・入国審査

ここはバングラデシュ・ジア国際空港。日本のパスポートが効かない！　いや、効かないどころかむしろ厳重にチェックされているようにさえ感じる。原因は、一九七七（昭和五二）年九月二八日に起きたダッカ日本航空機ハイジャック事件である。南回りヨーロッパ線のパリ発羽田行き日本航空四七二便が、経由地のインド・ムンバイ空港離陸直後に武装した日本赤軍五人にハイジャックされたテロ事件である。同機はバングラデシュ・ダッカ空港に強行着陸した。そこで犯人グループは六〇〇万米ドル（当時の為替レートで約一六億円）と日本で拘束されている同志九名の釈放を要求し、要求が受け入れられなければ人質を順次殺害すると警告してきた。

これに対して、当時の福田赳夫首相が「人命は地球より重い」とし、超法規的措置により犯人グループの要求を受け入れ、早期に事件を解決させたのである。この措置には賛否両論あったが、その後の世界の動きは、この時の日本政

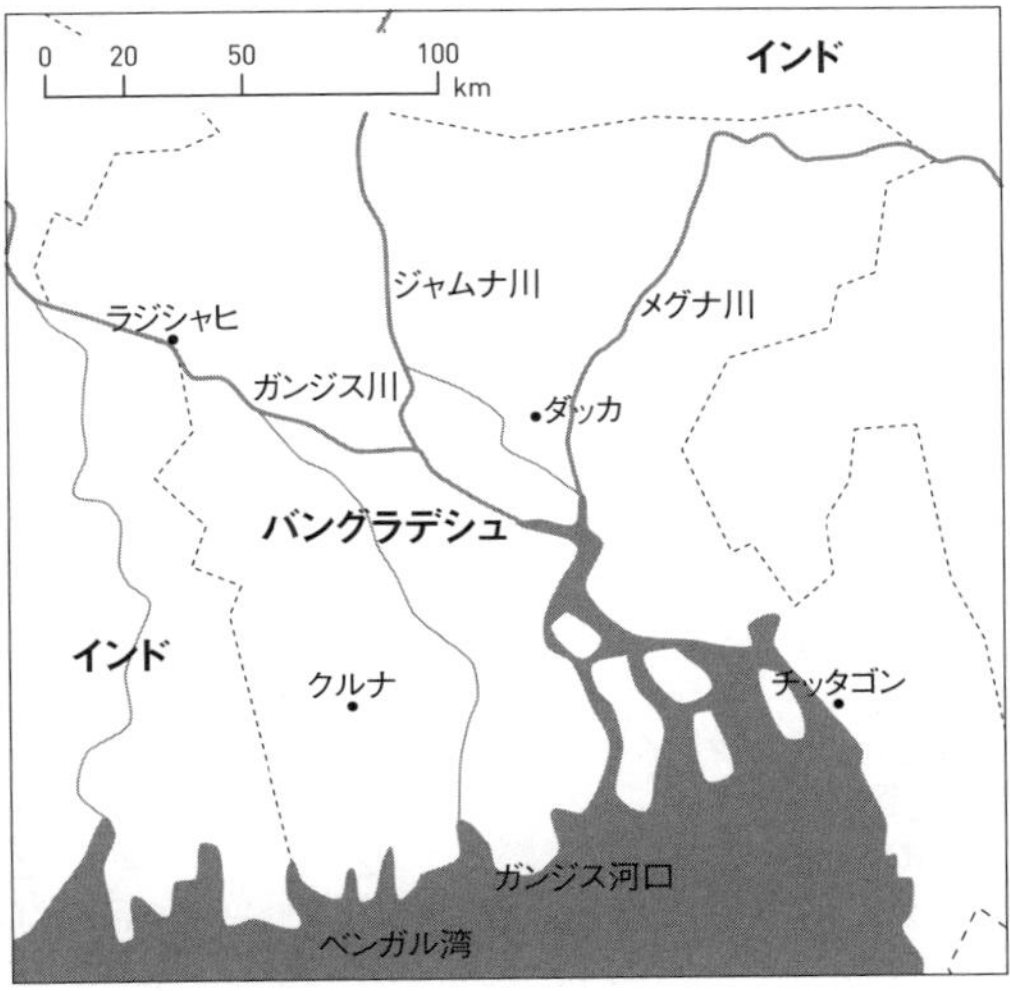

府の対応とは逆に動いた。世界の各国は特殊部隊を編成して犯人グループを鎮圧する流れとなった。日本でも密かに警察に同様の部隊を創設し、現在ではＳＡＴと呼ばれ、その存在も一般に知られるようになっている。

なお、この事件が発生した際に、この時を狙ったかのようにバングラデシュではクーデターが起きていた。バングラデシュ政府は同時並行でこちらへの対応も迫られるという極めて密度の濃い時間を過ごす事態となったのである。

・粗朶沈床

ジャムナ多目的橋梁建設事業は、ただ川に橋を架ければよいという単純なプロジェクトではない。もちろん橋は川を渡るために必要なのであるが、川幅が五キロメートルもあり、水の流れを固定する強固な堤防もない現地の状況では、現在水が流れているところを将来とも水が流れ続けるという保証など全くないのである。つまり、川に橋を架けたつもりでも、翌年には川はどこかに移動してしまい、橋の下は陸地になっているかもしれないのである。

川は生きものである。人が手を加えないと毎年のように川筋が変わるのである。それが自然本来の姿である。今の日本人にはピンとこない話だろう。しかし、日本でも水が流れる部分に沿って延々と連続堤防を築くまではそうであった。しっかりした長い橋が建設できる技術が開発されるまでは、主な街道は川幅が狭くて楽に川を渡れる山沿いの道だったのである。

話をバングラデシュに戻そう。したがって、逆に橋を建設する場所は、川が動き回らないように固定しなければならない。その川を固定するために土で堤防を築くことが必要であるが、元々の地盤の上に単純に土を盛りたてても無駄である。地盤の軟弱なデルタの上では盛った土がどんどん沈んでしまうだけなのだ。そこで粗朶沈床が重要な役目を果たす。

粗朶沈床は、鉄やコンクリートなど高価な材料を必要としない。現地の身近にある雑木が材料となるので、資金力に問題があっても人力でカバーできる。むしろ雇用が生まれて発展途上国では喜ばれるのである。これを巨大な巻物に仕立てて軟弱な地盤の所や川の底に沈めて、その上に造る構造物の基礎を支えるのである。木はずっと水に浸かっていると非常に腐りにくく、長持ちするという特徴もある。したがって、河道の維持には適している。日本でも資金力がない時代に人力さえあれば安価に利用できたため、一時はかなり使われていた。しかし経済力がつき人件費が高くなる一方で、他の資材の価格が値下がりしたために、今ではほとんど使われなくなってしまったというのが実情である。

ところで粗朶沈床はどこの国が発祥地なのだろうか。少なくとも日本ではない。日本には明治初期に政府が招聘した「お雇い外国人」の一人であるオランダ人ヨハネス・デレーケが持ち込んだのである。そして今日、そのオランダの建設コンサルタント会社がジャムナ多目的橋梁建設の施工管理も請け負っているのである。私は何か不思議な縁を感じるとともに、簡単に造れて安価で汎用性の高い技術を世界に普及させているオランダという国に敬意を払いたくなった。

・さざれ石の巌《いわお》となりて

この国には「ブリック・クラッカー」というれっきとした職業がある。泥をこねて直方体のブロックを作る。釜でレンガを焼く。そして出来上がったレンガをハンマーで叩き割る。これを繰り返す。これが何の役に立つのか。実はバングラデシュでは石がほとんど手に入らない。砕かれたレンガは骨材つまり砂利や礫の代わりになるのである。正に泥から石を作り出しているのだ。

その昔、大地に深い穴を掘って、岩盤を探し出してそこから岩を掘り出すプロジェクトも考えられ実行されたこともあるそうだ。確かに、国土のほとんどがガンジス川やジャムナ川が作るデルタの上にあるために、岩が貴重品であることは理解できる。日本も資源がない国であるが、ここまでひどくはないと同情するとともに妙に安心してしまう。今むしろ日本で心配しなければならないことは、教育の劣化に伴う人的資源の劣化なのかもしれない。

・堤防整備延長対決

バングラデシュの堤防は「バングラデシュ水開発公団」が整備している。そして、一九六四年に「水基本計画」を策定して以来、今日までの整備延長は九一四三キロメートルだそうだ。日本で国土交通省が整備した堤防延長と比べるとどちらが長いでしょうか？　答えは、一万三三一三キロメートル整備した日本のほうが長い。バングラデシュの整備延長は日本の七割弱である。しかし、よく考えてみると、日本は明治時代から国が本格的な河川整備に乗り出し、一〇〇年以上経過しているのである。一方、バングラデシュはその半分の期間で、しかも世界の最貧国グループに属している国である。その国がここまで整備を進めてきたことを知り、私は非常に驚いた。政府開発援助の資金などを活用しているとはいえ、政府がサイクロンや洪水による被害をどうやって軽減するのか、ハード面でも真剣に取り組んでいる証しだと言えよう。

参考文献

・日本河川協会『河川便覧』二〇〇四年

・地域防災のススメ（非難より避難）

二〇世紀最大の自然災害は、ここバングラデシュで起きていた。それは死者数五〇万人を出したとされる一九七〇（昭和四五）年の高潮災害をもたらしたサイクロンで、その時の最低気圧は九六六ミリバールであった。その後、一九九一（平成三）年に高潮災害をもたらしたサイクロンは九一八ヘクトパスカルで、勢力は一九七〇（昭和四五）年のものより更に強かった。しかし、この時の死者数は一四万人であった。より強い勢力であったにもかかわらず被害が小さかったのはなぜだろう。情報伝達の充実とサイクロン襲来時に住民が避難するサイクロンシェルターが、ＪＩＣＡによる無償資金援助などで設置されたことによる効果であると、吉谷ら（二〇〇七）は分析評価している。

すでにお話しした通り、かなりの堤防整備を進めてはいるが、防御対象が大河ガンジス河では、防御レベルをそれほど高くすることは望むべくもない。施設による対策つまりハード対策には限界があるのである。だからこそ気象観測や予測情報の伝達やサイクロンシェルターへの避難などのソフト対策を一体的に行うことで、せめて人的被害の軽減を図ることが重要なのである。

実はこのハード対策と一体となったソフト対策という考え方は、日本をはじめ先進国でも同じ潮流に乗っている。行政がいくら資金をつぎ込んでも災害が無くなることはない。加えてコストパフォーマンスの問題もある。住民が意識を変え、自分の身や家族の身そして隣近所の人たちの安全を確保するために、気象情報や予測情報に関心を寄せ、正しく理解してより早い時点で災害からの回避行動をとることが期待されているのである。その意味で、バングラデシュの人々は一九七〇（昭和四五）年の災害を大きな教訓として学習したと言えるであろう。しかし、この避難という行動は彼らには決して簡単なことではないようだ。避難している間に家を取られる心配や、家をあけると先祖の霊に対して申し訳ないという宗教上の理由も現実の問題としてあるようなのである。

ここで、二〇〇九（平成二一）年一一月一八日の「土木の日」に業界紙で津波災害への心構えを示す有名な話し「稲むらの火」を紹介し、併せて社会資本の整備の歩みを止めてはならないと綴った私の思いを掲載しておこう。

・「稲むらの火」に思う

皆さんは「稲むらの火」というお話しをご存知でしょうか。これは史実を基に作られた地震防災のお話で、太平洋戦争をはさんで約一〇年間、小学校の教科書にも載っていました。時は幕末。舞台は現在の和歌山県広川町です。

「庄屋の五兵衛は長くゆったりした地震と唸《うな》るような地鳴りを不思議に思い、高台にある家の外に出た。眼下には豊年を祝う村祭りの支度に忙しい村の衆。しかし、その向こうに広がる海は見慣れた風景ではない。みるみるうちに海が退いていく。「津波だ！」彼は咄嗟に収穫したばかりの自分の田の稲むらに火を放った。「庄屋さんが火事だ！」村の衆皆が夢中で高台に駆け上った正にその時。水の壁が村を襲った。村は跡形もなくなったが、稲むらの火は夕闇に包まれたあたりを照らしていたのであった」。

安政の南海地震（一八五四年）です。五兵衛はヤマサ醤油の七代目当主である濱口儀兵衛。その後、彼は私財を投じ、失業対策も兼ねて大防波堤を築きました。そしてこの堤防がなんと一〇〇年後の昭和南海地震（一九四六年）の津波から村を守ったのです。これぞ国家百年の大計。防災施設に限らず社会資本はすべからく備えあれば憂いなしですが、現下の社会風潮はそれを許そうとはしません。しかし国民の命と財産を守ることは我々土木の世界に携わる者の責務です。この風に「稲むらの火」、否「土木の火」が吹き消されぬよう、愚直に声を上げねばなりません。「土木の日」に改めてそう誓い合いましょう。

二〇一〇（平成二二）年二月二七日のチリ沖地震で日本にも津波が来襲した。この時に気象庁が予測した津波の規模が多少過大であったことで非難の声が上がった。一方で、この時に津波警報が発令されたにもかかわらず三分の一の人々しか避難しなかったとの調査結果もある。我々日本人は気象庁の予測精度が悪いと非難するのではなく、避難したうえで被害がさほど出なければそれを素直に喜び合うべきなのである。

参考文献
・吉谷ら「バングラデシュにおける水災害に関する要因分析」独立行政法人土木研究所、二〇〇七年

自然災害②　二〇世紀以降の自然災害死者数ベストテン

二〇世紀以降二〇〇八年までの間に、死者・行方不明者数五〇〇〇人以上となった自然災害は、平成二一年度版の防災白書で整理されています。私はこれに二〇一〇年に発生したハイチ地震のデータを加えて上位一〇番目までを整理し直しました。これによると第一位は一九七〇年にバングラデシュを襲ったサイクロンによる死者・行方不明者数で、他を圧倒的に引き離しての五〇万人と記録されています。バングラデシュはこれ以外にも一九九一年の第五位一四万人など、二〇世紀以降で一万人以上の死者・行方不明者を出すサイクロン被害を五回も記録しています。

次に、第二位が一九七六年の中国天津～唐山の広範囲に及ぶ地震災害で二五万人を記録していますが、この座を

脅かしているのが第三位の二〇一〇年のハイチ地震です。同年の三月初め時点で死者二二万人と報道されていますが、翌二〇一一年一月には同国のベルリーブ首相が死者が三一万六〇〇〇人を超えるとの見解を示し、今後第二位に上がる可能性もあります。

また、二〇世紀以降で五〇〇〇人以上の死者・行方不明者を出した災害は五〇回以上発生していますが、簡単にそれを分析してみましょう。

災害原因となった事象は地震が三一回、次いでサイクロン、台風等による洪水が一八回を占めています。占めているとはいうものの、二つの事象でほとんどをカバーしている状況です。

また発生地は圧倒的に広義のアジアが三七回と多く、次いで中南米が一二回を占めています。こちらも発生事象と同様に、アジアと中南米でほとんどをカバーしています。

さらに国別で見ると中国、インドが七回、次いでバングラデシュ、イランが五回、日本が三回と続いています。中国、インドは国土が広いだけに頷けるところもありますが、バングラデシュはすべてサイクロンによる水害、イランは地震が原因です。一方、日本の原因事象は関東大震災、阪神・淡路大震災、伊勢湾台風となっており、国土の特性を現していると言えます。

このようなデータを見ても、欧米と異なる基準で社会資本整備を行わざるを得ないこと、つまり必要な安全基準を確保するためには高いコストを掛けざるを得ないことがおわかりいただけると思います。

プロジェクトの概要

事業名 ジャムナ多目的橋建設事業

実施機関 ジャムナ多目的橋建設公団

事業目的

国土を東西に二分するジャムナ川にシラジガンジ付近で橋梁を設置し、バングラデシュ国経済の交通隘路の解消を図る。なお橋梁は道路・鉄道併用橋とし、加えて高圧送電線、ガスパイプライン、電話ケーブルが添架可能な構造とする。

事業地域の特徴

ジャムナ川はインドではブラマプトラ川と呼ばれており、こちらの方が日本人には馴染みのある名前である。バングラデシュはガンジス川、メグナ川とジャムナ川のデルタ上に位置し、国内を移動するには必ず川を渡る必要に迫られる。特にこの国を南北に縦貫するジャムナ川はバングラデシュ国の東西を二分する交通の要衝となっている。

現在は事業サイト周辺では二ルートのフェリーが運行している。現地に近いのはブアプール―シラジガンジ間を結ぶルート。もう一つは約五〇キロメートル下流のアリチャ―ナガルバリ間を結ぶルートであるが、前者は水位の低くなる乾期は運休する。雨期と乾期で水位が大きく変動するため川幅も変わり、渡河に要する時間も二時間から三時間まで変動する。水位変動に伴いフェリーターミナル施設も移動させる必要があるが、加えてジャムナ川の毎年の洪水で河岸が浸食されることからフェリーの恒久的な発着場の整備が不可能な状況にある。

施設物流の中心となるトラックなどの重車両の乗船の待ち時間は最低約一〇時間、最長約二日、平均三六時間とされる。ジャムナ川渡河の不確実性が国土の西側の発展の阻害要因となり、バングラデシュ国経済にとって大きな損失になっている。

事業全体計画

①橋梁

(上部工)橋長：四八〇〇メートル(最大五〇〇メートル延長可能)、幅員：一八・五メートル

(下部工)直径：二・五〜三・〇メートル、長さ：七〇〜九〇メートル、傾斜管杭(材質は鋼またはプレストレストコンクリート)

②河川制御：両岸に二・二キロメートルずつの河道安定のためのガイドバンド

③アプローチ道路：東側一六キロメートル(国道四号線に接続)、西側一四キロメートル(国道五号線に接続)

融資対象部分

上記のとおり。

事業費

総事業費：六億九六〇〇万ドル

融資対象：二二五億六二〇〇万円(世界銀行、アジア開発銀行、経済協力基金が二億ドル相当ずつ協調融資)

基準年月：一九九三年七月

参考情報

・協調融資プロジェクト

世界銀行、アジア開発銀行との三者で等分の融資。プロジェクトの一番の不確実要因が自然現象であるだけに、他の事業より進行管理に対する皆の関心が高い。世界銀行はプロジェクト審査の時点で四カ月に一度の頻度でミッション派遣を表明。

今後の課題

・ジャムナとの戦い

橋梁建設そのものは高度な技術を要するが解決不可能な課題ではない。それよりもジャムナ川という自然の力との戦いである。ジャムナ川の河道の位置をどのようにして安定させるかが事業の成否を決定づけるのだ。そのためにオランダのデルフト水理研究所での模型実験はもちろん、国際的にも実績と経験のある有識者で構成される専門家パネルを設置し、その意見聴取も踏まえてプロジェクトは仕立てられていった。日本からは私の恩師でもある故西野文夫埼玉大学教授(当時)と中尾忠彦建設省土木研究所河川部長(当時)に参画していただいた。これほどの多くの人が関わったプロジェクトは私の在職中に後にも先にもなかった。

・住民移転

川を渡る橋の建設なので住民移転は大した数ではないだろうと思うと大間違いである。ジャムナ川の東側で約四万二〇〇〇人、西側で約一万三〇〇〇人の合計五万五〇〇〇人に及ぶ住民移転が必要なのだ。これだけ多くなるのは、東西の国道に接続するための区間が東西あわせて三〇キロメートルと長いことが一番であるが、ジャムナ川の氾濫原を耕作地として利用する耕作形態も一因である。日本と異なり、洪水常襲地帯こそが肥沃で価値のある土地なのである。

なお、移転費用は中間搾取されずに確実に本人に手渡され、かつ無駄遣いしないためにも銀行口座を個々人に開設してもらい、そこに振り込む等の工夫も施されている。

総員退避！ ―― スリランカ（首都コロンボ・大コロンボ圏水辺環境改善事業）

・総員待避！

我々一行は朝一番からプロジェクトサイト内のシャンティー（低所得者層の不法居住地区）を視察していた。彼らの実際の住環境を確認するためである。午前早くであったが、広場の共同水道栓に人が群がっている。朝の水浴びなのだろうか。

広場の共同水道栓

今回のプロジェクトは、コロンボ圏域の治水というより、むしろ排水環境を整えることを目的にしている。海岸部に近く、高低差も極めて少ないなかで、とにかく海に余分な水を吐き出さないと、水が滞留して低地が浸水する。加えて水路に垂れ流しされる生活雑排水により感染症や富栄養化が発生し、より一層居住環境の悪化を招くのである。排水を早く海に排出するためには水路幅の拡大が必要である。しかし、フィリピン同様、水辺には多数の低所得者層が不法に住居を構えている。つまりプロジェクトの成否は住民移転にかかっているのである。

そこに突然携帯電話が鳴った。普通の国では携帯電

爆弾テロの現場

話は持たないが、政府軍とＬＴＴＥ（タミル・イーラム・解放の虎）が内戦を繰り広げているので、スリランカでは特別に貸与されていたのである。駐在事務所の判断は正しかった。「大統領官邸付近で爆弾テロが発生したようだ。Ｃｕｒｆｅｗ（外出禁止令）が出る恐れがあるので、大至急コロンボ事務所に戻るように」。早速現地視察を打ち切って、ＯＥＣＦコロンボ駐在事務所に急ぎ戻った。窓からは滞在先のガラダリホテルの方角で煙が立ち上がっているのが見える。「今日はホテルには戻れないかもな」と皆で話す。しかし、幸いに戒厳令も外出禁止令も出ず、夕方近くになって恐る恐る皆でホテルに戻った。

滞在先のホテルは正面入り口から見ると特に変化はない。しかしガラダリホテルは爆弾テロの現場の至近距離にある。裏面つまり爆弾が炸裂した側の窓ガラスは多数割れており、そのために部屋を替えざるを得ない同僚もいた。部屋に仕事の資料を置いてから愛用のNikon FEを片手に外に出た。現場周辺の警戒のために兵士が立入禁止のエリアを設けていたので、撮影を制止されるかと思いながら焼け焦げた建物にレンズを向けた。何も反応がない。恐る恐る一回だけシャッターを切った。やはり反応がない。よし、それならとあと数回カシャ、カシャ、カシャ、カシャ。

翌日の新聞一面トップには「Bomb rocks Fort !」と見出しが躍っていた（Bombはもちろん爆弾、rockは揺るがすという意味の動詞、Fortはテロ現場の地名である）。新聞によると、TNT火薬四〇〇キロ相当と推定される爆弾を積載したトラックが大統領官邸へ突入を試みたが、直前に政府軍が気づき応戦。テロリストは退却しながら行き場を失い、中央銀行に突っ込み自爆したそうだ。このテロで死者八十数名、負傷者一三〇〇名以上を記録したという。

そんなスリランカの内戦も二〇〇九（平成二一）年五月に終わり、今は平和な国に戻りつつある。早く南北格差が解消され、内政が安定することを願うばかりである。

事件の後、銃撃戦の音を聞いて何事かと窓辺に近づいてしまったがために、爆風で吹き飛ばされたガラス片で失明した人が多数発生したと聞いた。そこで教訓。

（教訓）銃撃戦が起きていると思ったら建物の奥へ逃げるべし！
　野次馬になるのは愚の骨頂！

・アフタヌーンティー

スリランカの旧宗主国は英国である。審査もほぼ終わり、出張の終盤の午後に英国式のアフタヌーンティーを試してみようということになった。観光ガイドブックで調べてマウント・ラビニアホテルに出かけることとした。そこは滞在しているホテルからタクシーで約二〇分のところにあった。加えて、今回のプロジェクトサイト内にあることはその名前からも窺い知れた。

ホテルの敷地内に入ると、まず目に入ったのが噴水である。エントランスの車回しに彫像があり、噴水が上がっている。水は貴重なはずなのに？　循環式なのだろうか、などと考えてしまう。ホテルのレセプションでティールームの場所を確認した後、薄暗い廊下を抜けてプールサイドに出る。案内されたパラソルの傍にあるデッキチェアに腰掛ける。とても優雅なひとときである。ホテルは海岸線に立地しており、プールサイドからは遠くに自分が宿泊しているガラダリホテルも確認できる。注文するものは最初から決まっているのだが、そこはゆったりと構えてメニューに目を通してからウェイターにアフタヌーンティーを注文した。しばらく待つと注文の品がサーヴされた。ガイドブックに紹介されていたとおり、銀製のティー・スタンドは確かに三段。ロールサンドイッチ、スコーン、ミニケーキなどが品よく盛られ、ジャムが添えられている。ティーポットは陶製で優にカップ四杯分はありそうだ。さすが正統派と感心する。

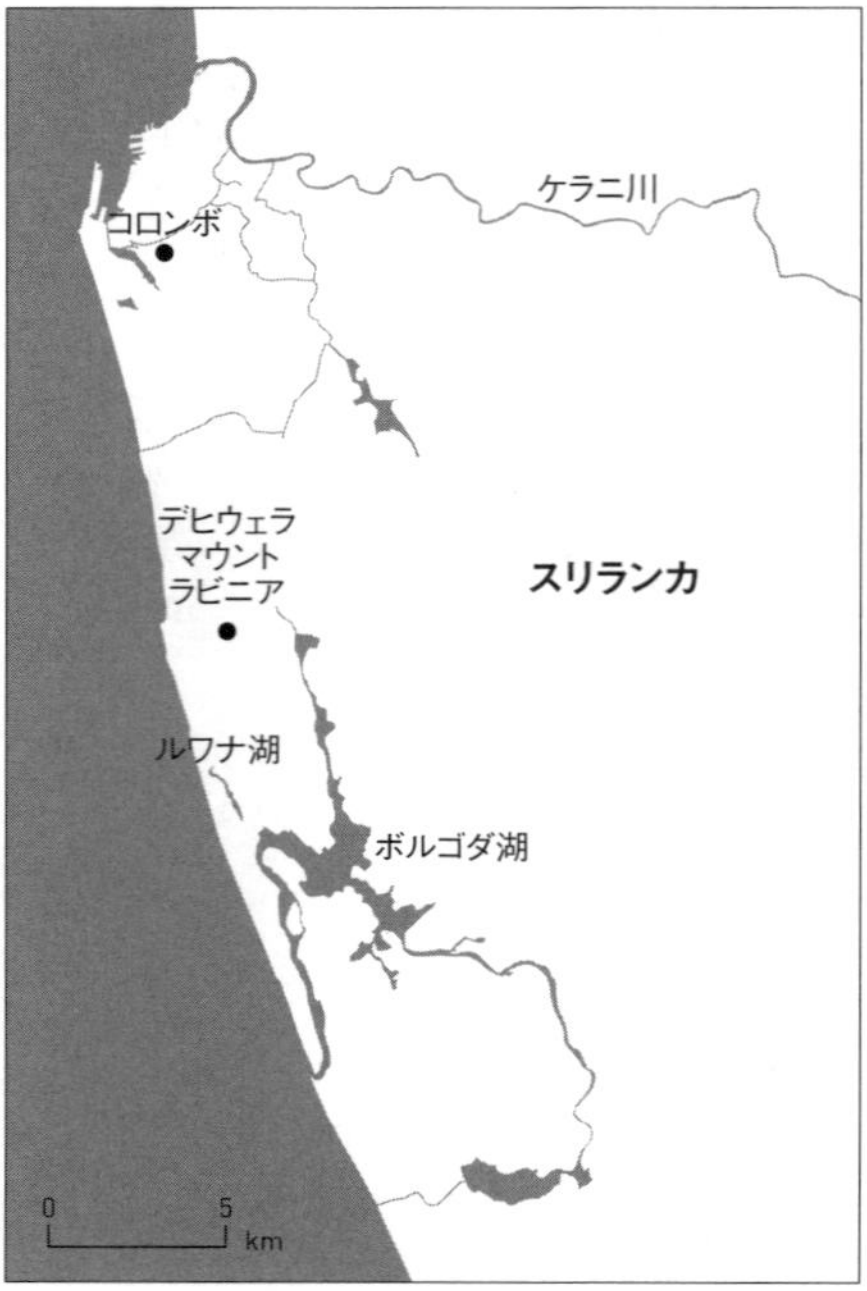

仕事もほぼ終えたという安心感もあり、頬を撫でる海風も心地よい。ゆっくりとアフタヌーンティーを楽しんだ。まだポットに紅茶も残っているのであと少しと思い、カップに注ぐ。ところがかなりの量が残っており、結局カップが一杯に満たされた。ここが貧乏症の悲しい性。スコーンなどでかなりお腹は満たされていたが、頑張って飲み干してからガラダリホテルへの帰路に就いた。その日の夕食はお腹と相談してパスしたことは言うまでもない。

・宝石と紅茶の国

スリランカは宝石の国である。サファイヤ、キャッツアイ、アレキサンドライト等々、高級な宝石の原石を産出する。有閑マダムには垂涎の国である。私も同僚と一緒に宝石店に立ち寄って色々と見せてもらったが、少しは宝石の目利きの仕方もわかるようになった。しかし、高くてとてもお土産にはならない。

そして、ここは紅茶の国でもある。もちろん「セイロン紅茶」である。ご存知の方も多いだろうが、「セイロン」はスリランカの昔の国名である。イギリスから太平洋戦争後の一九四八（昭和二三）年に自治領として独立した際に「セイロン」となり、その後一九七二（昭和四七）年にスリランカ共和国と改称し、さらに一九七八（昭和五三）年に現在のスリランカ民主社会主義共和国となったのである。

さて、紅茶の話しであるが、国営の販売所がお勧めのようだ。とにかく値段が安い。かさばるのが少々難点だが重たくなく、お土産には最適である。一口に紅茶と言っても種類も産地ごとに違うので、とにかく目移りする。そんなときはパックが良い。ウヴァ、ヌワラエリア、ディンブラ、キャンディーなど産地が違う銘柄が少量ずつパックされている。味比べをするにも良い。お値段は一パック二〇〇～三〇〇円程度だ。日本国内での販売価格の五、六分の一から一〇分の一程度の安さである。これ以外にもフレイバーを施した紅茶がたくさんある。私はアールグレイが好みなので中ぐらいの大きさのものを二缶購入した。安いのでつい欲張って買いすぎると、帰国時にスーツケースのパッキングに苦労するので要注意である。

プロジェクトの概要

事業名　大コロンボ圏水辺環境改善事業(Ⅲ期)

実施機関　スリランカ土地埋立開発公団

事業目的

コロンボ圏第二の都市デヒウェラ・マウント・ラビニア市における都市排水路の整備を行い、当該地域の洪水被害の軽減を図るとともに、民生の安定と首都圏の経済発展に資するものである。

事業地域の特徴

スリランカ国最大の都市コロンボを中心とする大コロンボ圏は、その大部分が海抜六メートル以下の低平地である。近年の急速な都市化により、元来水はけの悪い湿地帯の開発が進み、これまで湿地帯が果たしていた遊水機能の低下に加え、河川や排水路の流下能力不足や堆積した土砂の浚渫等の維持管理の不足により広範囲にわたりしばしば浸水被害を被る事態となっている。

今回のⅢ期事業の対象となったデヒウェラ・マウント・ラビニア市は、主に中産階級の住宅が密集しているが、同時に国内でも有数の工場集中地区となっている。その業種は繊維やアスベストが中心であるが、大小あわせて二二五の工場が立地している。資産が集積していることに加えて洪水被害を被る頻度は一年間に三から四回あり、Ⅱ期で採択された他の地区よりも洪水による年間被害額が大きくなっている。このためスリランカ政府も事業実施の優先度を最上位に位置付けている。

一九九二(平成四)年六月に一六時間で四九四ミリメートルの豪雨を記録した際に、コロンボ圏の首都機能が一週間麻痺した。このことが、スリランカ政府に洪水防御の必要性、緊急性を再認識させ、その対策が優先政策となるに至っている。このためⅡ期事業とほぼ並行してのⅢ期事業の要請となった。

事業全体計画

(1)Ⅰ期事業

・土木工事:主要河川の改修　約四四キロ(新川開削一〇キロを含む。)、遊水池整備　三八〇ヘクタール

・住民移転:約七〇〇〇世帯を水道、電気等の基盤施設が整備された代替地に移転

(2)Ⅱ期事業

・土木工事:コロンボ市五地区の排水路の面的整備

・住民移転:約四〇〇世帯を水道、電気等の基盤施設が整備された代替地に移転

・機材購入:河川、排水路の浚渫等の維持管理に必要な重機の購入

(3)Ⅲ期事業

・土木工事：デヒウェラ・マウント・ラビニア市二地区の排水路の面的整備

・住民移転：四一世帯の家屋移転

・機材購入：河川、排水路の浚渫等の維持管理に必要な重機の購入

(4)今後の主たる事業

・土木工事：全二九排水区のうち未着手の二三排水区の排水路の面的整備

今回融資対象部分

上記のうちのⅢ期事業。

事業費

総事業費：七八億五九〇〇万円

融資対象：六一億八〇〇〇万円

基準年月：一九九六年一月

参考情報

・排水路の維持管理体制と料金徴収

排水事業は重要であるが、維持管理に費用がかさむ割には自治体の収入には直接つながらないという悩みがある。本事業は適切な維持管理がなされて初めて事業効果が十分に発揮できるものであり、維持管理体制の整備とともにその費用確保が不可欠である。今回のプロジェクトでは設備の建設はスリランカ土地埋立開発公団が担当するが、完成後三年を経過した後は地元自治体に移管されるという役割分担が決まっている。今回は自治体担当者へのヒアリングも行い、主として管理計画、管理体制および財政面での管理能力を調査したが、その範囲内では特段の問題はなかった。

・上水道

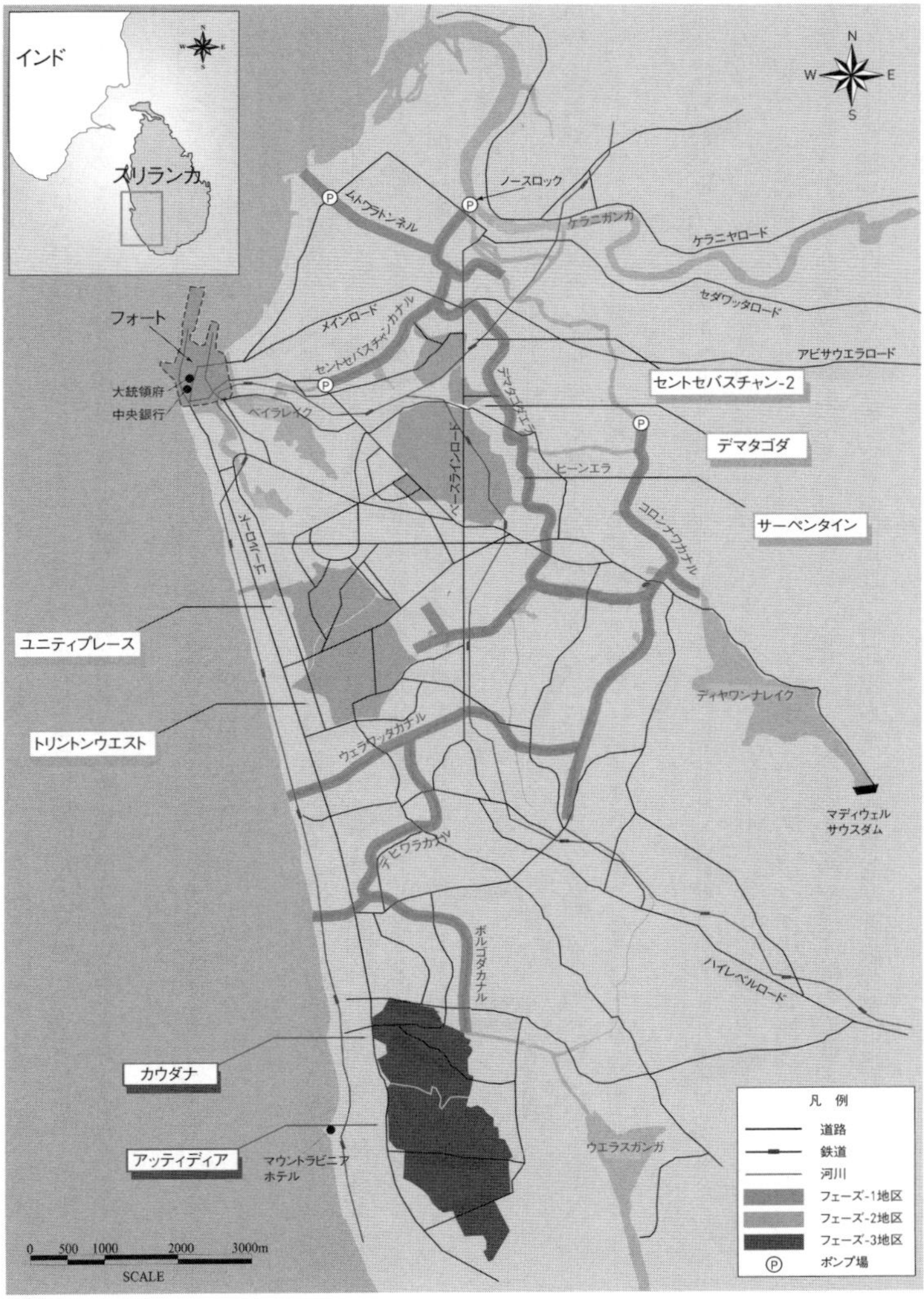

大コロンボ圏水辺環境改善事業の位置図

コロンボ圏の水源は、コロンボのすぐ東を流れるケラニ川に全量を頼っている。結果的かもしれないが、所得水準の高い地区は各戸に給水されているようであるが、そうではない地区は道路脇に共同水栓という形で給水所が設置してあり、地域住民はここで洗濯や水浴びをし、また家庭内で使用するための水をバケツで汲んで行く姿を目にした。

今後、ケラニ川の東側に給水エリアを拡張する計画があるとのことであったが、限られた水源を分け合うことになるので、今後次第に水事情が悪くなるのではないかと思われた。
・コロンボ街事情
一般的に途上国の街にはゴミが散乱しているものだが、ここコロンボではあまり目に付かない。自治体によるゴミ収集がかなり充実しているようだ。また、街中のあちこちで洗車をする姿も目にした。車を所有しているからには所得水準が低くはないこともあるのだろうが、そもそもきれい好きな国民性なのだろうと理解した。加えて交差点周辺での物売りの姿も全く見かけなかった。これも意外であった。

今後の課題

・河川、湖沼の水質改善と下水道整備
コロンボ首都圏のうちコロンボ市は、ほぼ下水道が整備されているか整備の計画がある。しかし、下水道とはいっても日本のそれとは異なり、収集しても無処理で海域に放流するのみである。これが欧州方式である。

本事業対象地区は、現在のカナル（水路）が日本の都市排水路に相当する機能を有している。ここではベトナムのように洗剤による泡こそ見られないものの、いわゆる「ドブ川」と化し、町中に腐敗臭が漂っている。

これ以外にも首都圏の河川や湖には、藍藻類（アオコ）の異常発生やホテイアオイの異常繁茂が散見され、早急な水質改善対策が必要な状態にある。特にホテイアオイは、河川、水路の流下能力の低下にもつながるため、土地埋立開発公団や地元自治体も住民からの苦情もあって物理的な除去作業に追われている。

しかし、二～三カ月で再び繁殖して水面を埋め尽くすため、水質改善のための抜本的な対策が必要である。

一方、ルワナ湖、ボルゴダ湖は下水処理場の安定化池の役割を果たしており、このことが海域の汚染の防止に効果があるといえる。しかし、コロンボ周辺では地域住民は海水が汚染されているという意識が強く、誰も水には入ろうとしないとのことであった。

・ルワナ湖の排水不良対策

インド洋の波浪の影響で河川の河口部には砂州が発達し、ルワナ湖周辺ではしばしば排水不良を起こしている。特に三月から四月に最も砂州が発達することが観測結果からも明らかである。

スリランカ国側の説明では、ある程度河川の水位が高くなると、砂州を越流して自然に切れたり、二週間に一回程度人力で砂州を切る作業を行っているとのことであった。この地区の海岸線は浸食傾向には無いため将来とも砂州の形成は続くものと考えられるため、当該プロジェクトの効果を高めるためにも恒久的な対策が必要である。その際に配慮すべき点として維持管理が容易な方策とすることが肝要である。

・宅地開発と土地利用計画

本プロジェクトの実施機関である土地埋立開発公団は、宅地開発をその主な業務としているが、これまでのプロジェクトでの埋立造成に見られるように低湿地を開発していく傾向が強い。しかし、このことは洪水防御の観点からは地域の遊水機能の低下となり、プロジェクトに負の影響を及ぼすことになる。スリランカ国側の将来の土地利用形態予測でも低湿地の減少を予測しており、これが更なる水害の増加や新たな水害の発生要因につながらないように、整合性のとれた土地利用計画と洪水防御計画を立案することが肝要である。そのためにも関係機関で十分な調整が不可欠である。

第六章
中近東・アフリカ編

大使館再開第一号ミッション――レバノン（サイダ・海岸線汚染対策上水道整備事業）

・CNNヘッドライン「ベイルート空爆」

一九九六（平成八）年四月上旬の朝。二度目のベイルート訪問から半年が経とうとしていた。その日、私はジャカルタにいた。ウォノレジョダム建設事業二期工事やバリ島の海岸保全事業の審査等のため、一カ月以上に及ぶ長期滞在が始まったばかりだ。朝一番はいつもCNNニュースで始まる。その日もベッドから抜け出すとテレビのスイッチを押した。目に飛び込んできた朝のヘッドラインはレバノン。イスラエルがベイルート、サイダを空爆！　であった。「えっ！　また紛争か」。一五年に及ぶ内戦が一九九〇（平成二）年にようやく終結したというのに、シリアとイス

地中海に沈む夕日

ラエルが、またレバノンを舞台に鍔迫り合いを続けている。地政学的に見て紛争そのものは珍しいことではないが、流石《さすが》に自分が足を踏み入れた土地で軍事行動が行われるとなると他人事とは思えない。

出張先ではいつも運転手付きの車を借り上げる。今回もそうだが、いつもと違うのは走行距離二〇万キロを超えたとはいえ、そこはベンツEクラス。サスペンションはまだまだ健在。乗り心地は悪くない。瓦礫の山と国土再建のための建設ラッシュの町中を猛スピードで駆け抜ける。車窓からは市街戦の生々しい跡が随所に残る首都ベイルートの街並み。世界的な大手ビジネスホテルチェーン「ホリデーイン」の壁にポッカリ空いた穴。ドライバーから聞き取ったところでは、艦砲射撃によるものらしい。一方で空爆との説もあるようだ。定かなことはわからないが、廃墟となったまま放置されている。

仕事を終えてホテルに戻る。部屋の窓からプールが見える。夏場なのでまだ子供たちがプールで水しぶきを上げている。外に出てみる。プールサイドから眺める地中海に沈む夕日が美しい。市街戦の爪痕と地中海に沈む夕日は、あまりにも対照的である。このホテルは内戦の影響をかろうじて免れたのだろうが、一歩外に出ると風景が一変する。水平線に美しい夕日が沈むのを見届けてから、平和の尊さを噛み締めながら部屋に戻った。

・目付き

「浦上さん。彼ら目付きが違うでしょ。そう思わない？」。実施機関幹部への表敬訪問を終えて部屋の外へ出ると、相棒の都合氏がそう言う。「彼らはみんな生き残りなんだよね」。なるほど。確かに現在の指導者は一五年間にもわたる内戦をかいくぐってきた猛者だ。当然生き残りで、生きているからこそ現在の地位に就いている。彫りの深い顔も、そう思ってみると凄みを感じさせる。でも見方を変えると、それは悲しみの目であるのかもしれない。多くの同胞や家族を失った末にようやく手にした現在の平和。それも国内外の微妙な力関係の上に成り立つガラス細工のように脆《もろ》いものである。当然日本にはない緊張感が漂う。

徹底的に戦うのは宗教が絡む戦争だからなのであろうか。どちらかが倒れるまで戦い続けるのがルールなのだろうか。私が宗教は恐ろしいと感じる由縁である。八百万《やおよろず》の神を信じる日本人は世界では異端なのかもしれない。あらゆる場所と物に宿る神。加えて日本では日本の外から来た神も一緒に祀っている。皆さんご存知の七福神は、恵比寿、大黒天、毘沙門天、弁財天、福禄寿、寿老人、布袋であるが、寺島実郎氏によると、このうち日本土着の神と呼べるのは恵比寿様だけだそうだ。あとは中国とインドからいらした神様たちだそうだ。これら多くの神々が仲良く調和を取りながら日本を守っている。仮にそれがわが国の平和ボケを生んでいる要因の一つだとしても、それはそれで良いのだと本当に思える。

参考文献

・寺島実郎『世界を知る力』、ＰＨＰ新書、二〇一〇年

・中東のパリ

内戦以前のベイルートは「中東のパリ」と称され、中東の交通の要衝、商業、金融、観光の中心として栄えていた都市である。街はおよそイスラム圏とは思えない雰囲気である。そもそも実際女性の服装が違う。イスラム特有の民族衣装など着ていないのだ。そして街並みもはっきりとヨーロッパを感じさせる。これで驚くのはまだ早い。イスラム圏の国は基本的に飲酒が禁止されているが、ホテル内は飲酒自由なのだ。だから他のイスラム圏からの客もおおっぴらに酒を飲んでいる。なぜイスラムとわかるかというと、民族衣装のままなのである。完全に気が抜けている。文化が交流する交通の要衝ならでは許されることなの

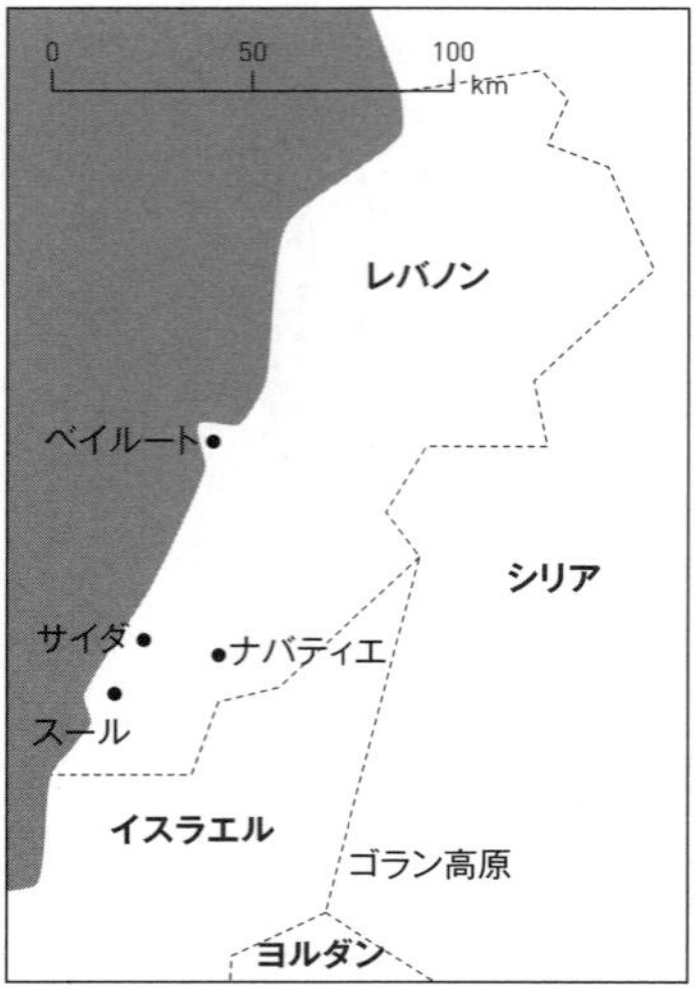

海岸線に残る十字軍の遺跡

だろうか。厳格なイスラム国家とは全く異なるイスラム文化に非常に戸惑いを覚えた。

内戦が終結したとはいえ、中央政府の力が全土に及ばずシリア軍が駐留し、国内も統治しきれずに未だにイスラエルから空爆を受ける口実を与えてしまう現実がある。民族紛争のように思われているこの地域の紛争であるが、その本当の原因はイスラエルとシリアのゴラン高原の水資源を巡っての争いに始まるともいわれている。水は生命の根源そのものである。それだけに根が深く簡単に解決できるはずもない紛争なのであるが、このプロジェクトを円滑に進めるためには、レバノン国を取り巻く政治的な環境の安定が不可欠である。この地域の安定が一日も早く訪れ、中東のパリと呼ばれたかつてのような繁栄を取り戻す日が一日も早く訪れることを祈らずにはいられない。

・これが下水道？

私が担当したプロジェクトは、レバノン第三の都市サイダ市の下水道整備である。サイダ市は、二〇〇五（平成一七）年二月に暗殺された首相ハリリ氏の出身地でもある。因《ちな》みに同氏はサウジアラビアの建設会社社長からの転身であった。

さて、サイダ市には十字軍の遺跡が海岸線から突堤のように突き出ている。船着き場として造られたのだろう。そこに立ち寄ってみる。塔の上から海面を見おろすと、目と鼻の先で明らかに汚水とわかる茶色に変色した水塊が見える。おそらく海域への放流渠の出口がある場所なのであろう。やはりここも欧州式の直接放流なのだ。

陸地に戻り、砂浜の続く海岸線を歩いてみる。箱型の放流渠から直接下水が放流される設計になっている。欧州の下水道の概念はまさに「汚水を集めて海に放流する」というものである。彼らにしてみれば何の不思議もないのであろうが、日本人技術者には「何のための下水道なのか」と疑問を感じさせる光景だ。青い海の沖合いに茶色の帯。それは無処理汚水の直接放流を意味する。汚水が魚の餌になるという考え方もあるが……。魚は安価で高蛋白。回り回ってそれが食卓に上る。う〜ん、そういえば昨日の夜も魚のグリルだったよな。

汚水排水とともに都市の副産物であるゴミ処理についても問題を感じさせる。現在はサイダ市の海岸線のうち、砂浜以外の部分がゴミ処分場として利用されている。しかし、廃棄物処分場といっても単なる廃棄物の集積場にしか見えない。黒いカラスが群がる光景や周囲の臭気も異様なものだ。世銀の融資による廃棄物処理場のプロジェクトの進捗もはかばかしくないと聞いた。早期の課題解決が望まれるところであるが、現実の問題としてなかなか困難であることは間違いない。

プロジェクトの概要

事業名　海岸線汚染対策・上水道整備事業

実施機関　開発復興委員会

事業目的

本事業は地中海沿岸の主要四都市(サイダ、スール、ケスロアン、ナバティエ)の上下水道設備の復旧および増設を行い、深刻になっている水不足と海岸線の汚染対策を実施するものである。

事業地域の特徴

一五年にも及ぶ内戦により、国内全土で大きな損害を受けたレバノン国の社会資本整備を復旧するために、政府は世銀、ヨーロッパ投資銀行(EIB)、EUの協力を得て内戦による施設の損傷調査を行い、これに基づきセクターごとに緊急復興計画を策定した。水セクターにおいては上下水道設備の復旧が上位に位置付けられたので、政府は自己資金により上下水道整備事業の予備調査を実施し、以下のことが判明した。

上水道は内戦による設備の能力低下が深刻な水不足を引き起こしているばかりでなく、特に本事業対象地区であるケスロワンはベイルートの北二〇キロメートルに位置し、近年最も開発が進んでいる地区であり、設備の復旧だけでは現在の水需要に対応できないため水源の増強が必要である。

また、下水道も戦災によりネットワークが機能しておらず、周辺の河川等に汚水が直接流れ込み、それが直接海に流れ込んでおり復旧が必要であることは言うまでも無いが、元来終末処理場を持たないことが沿岸部の汚染にもつながっている。特に観光資源に恵まれた本事業対象地区であるサイダにとっては深刻な問題になっているばかりでなく、地中海に面した近隣諸国にとっても共通の関心事項になっており、国境を越えた問題になっている。

事業全体計画

地中海沿岸のサイダ、スール、ケスロワン、バナティエの四地区の上下水道設備の復興、増強を図る。

今回融資対象部分

上記の内、ケスロワン地区の上水道およびサイダ地区の下水道を融資対象とする。

・サイダ地区下水道

幹線管渠　延長六・七八キロメートル（管径　五〇～三〇〇ミリメートル）
汚水管渠　延長三六・八キロメートル（管径　六〇〇～一二〇〇ミリメートル）
中継ポンプ場　二カ所
終末処理施設　計画汚水量　日当たり三万三六〇〇立方メートル（一次処理）
放流渠　延長一七〇〇メートル（管径　一〇〇〇ミリメートル）

・ケスロワン地区上水道

取水施設　メディク水源の拡張（乾期の取水可能量：日当たり八万五〇〇〇立方メートル）
送水施設　送水トンネル　延長五・〇キロメートル（内径　三・五メートル）
送水管　延長四四・五キロメートル（管径　一〇〇～一〇〇〇ミリメートル）
中継ポンプ場　一三カ所
配水施設　配水池　二三カ所
配水管　延長二〇二キロメートル（管径　八〇～四五〇ミリメートル）

なお本事業は世銀、EIB、EU、アラブファンド（AFESD）とOECFの協調融資となっており、全体計画の残りの部分は世銀等により賄われる。

事業費

総事業費：一四五億五五〇〇万円（OECF担当分）
融資対象：一三〇億二二〇〇万円

基準年月：一九九五年一〇月

参考情報

・地中海汚染防止に向けた沿岸諸国の動き

一九七五（昭和五〇）年にアテネで開催された国連環境計画（ＵＮＥＰ）会議において、地中海沿岸諸国一六カ国間で地中海の保全と開発のためのアクションプランと汚染防止協定が採択された。これは地中海資源の開発と管理、環境保護、汚染状況のモニタリングと汚染の防止などについて取り決めたもので、今回のプロジェクトのうち、下水道事業はこの取り決めに従って取り組まれるものとなる。

・他事業との調整

内戦からの復興は各セクターで行われており、緊密な連携が欠かせない。今回のサイダ地区の下水道事業も道路事業、港湾事業と調整を要する事項があることが審査の途中で判明した。

まず、道路事業である。地区を南北に縦貫する海岸線の幹線道路の整備事業が先行して事業化されており、既に工事の発注が公告されている。この工事内容に下水道の幹線管渠が含まれているというのである。工事が順調に進めばよいがリスクもあるのでどちらに転んでも下水道が整備されるよう事業内容を調整した。

次に港湾事業である。この事業はハリリ首相の特命プロジェクトであったが、港湾整備を予定している場所が下水処理場と重複していることが同様に審査中に判明した。処理場を他の場所に移すことは困難であると判断されたため、港湾整備事業者側で新たな用地の確保をしてもらうよう調整した。

大事に至る前に調整ができてよかったが、国を挙げて復興中という状況下であり、ある程度の混乱は致し方ないであろう。

今後の課題

・下水道二次処理

今回の汚水処理は浮遊ゴミを取り除き、併せて沈殿地で浮遊物を可能な範囲で沈殿させるまでの一次処理までである。将来的には当然二次処理へのレベルアップが必要であり、レバノン国もそれは認識している。

予定している二次処理方法はオキシデーションディッチ法であるが、この方法は広い敷地面積が必要ではあるが維持管理が容易であり、一般的に途上国向きとされている。レバノン国では二〇一五(平成二七)年以降の供用開始を計画している。課題としては発生する汚泥の処理が挙げられる。狭い国土のどこに汚泥の処分場を確保するのかを事業化時点できちんと計画しておかないと、廃棄物処理の二の舞になりかねない。そのため、レバノン国に対して埋立処分場等の検討を行うよう促すこととした。

地中海の環 ―― チュニジア(北部チュニジア・ジアティンダム建設事業)

・パリのエスプリ

彼のオフィスは農業省敷地内の平屋群の一棟にあった。彼とは、農業省水利調査研究総局長のミスター・ジェバリである。雨の少ない時期である五月末に訪問となったのであるが、初めての打ち合わせに事務所を訪れた際にちょうど小雨が降っていた。似たような建物が多く少し迷ったが、ようやく建物を見つけて中に入る。そして初対面。挨拶代わりに彼がこう切り出した。「サンキュー、ミスター・ウラカミ。あなたは雨の鍵を持ってきてくれた」と。なんて洒落たことを言う人だろう。彼自身もフランスに留学していたそうだ。これがパリのエスプリなのだと感じた。

休日に市内見物をしたが、路面電車が気にいった。三両編成で連結部分に台車が付いているお洒落な車両だ。欧州からの輸入車両なのだろう。おっと、気にいったのはそんなことではない。停車場でドアが開くと車体下から滑り出してくる昇降用のステップだ。バリアフリーの機能が車体に組み込まれているのである。最近でこそ日本でも低床式や、停車時に車体が傾くバスが走っているが、当時はそんな車両は見かけることはなかったように記憶している。写真を取り損ねてしまい、画像で紹介できないのが残念至極である。

他の国でもそうであるが、独立したとはいえ旧宗主国の影響を色濃く残している。きっと国民の心理も複雑なのだろう。植民地になったことのない日本人にはなかなか分からない世界だ。チュニジアもイスラム国家であるが、レバノンと同様に戒律の緩い国と感じられた。

・チュニジアとレバノンの所縁《ゆかり》

「クスクス」という料理がある。グルメの方はご存知だろう。北アフリカ地方を発祥の地とする民族料理である。滞在しているホテルのレストランでクスクス料理専門店を見つけた。そういえばレバノンでもクスクス料理屋を見かけた記憶がある。そしてレバノンとチュニジアには不思議な所縁があることを知った。

昔むかし、レバノンから一人の王女がアフリカに逃げてきた。その訳は義理の伯父に夫である王を殺され、そのうえに妃になれと迫られたからである。逃げてきた王女はその地の部族の長に事情を話し、「住む土地が欲しい」と懇願した。部族の長は牛の皮一枚を放り投げ、「この皮で囲った分の土地をくれてやる」と言った。そこで王女は知恵を絞った。牛の皮を細く細く刻んで長い紐を作り、広大な土地を囲ったのである。これが現在のチュニジアという国の起源である。

　このお話しは現地に住んでいる日本人から聞いたものであるが、チュニジアにも「彦一とんち話」や「一休さん」に出てきそうな昔話があるのだなあと面白く聞いた。とはいえ全くの作り話でもない。歴史を紐解けば、兄に命を狙われて現在のレバノンから逃れてきたフェニキア人の王女エリッサが、カルタゴの街を起こしたのが紀元前八一四年だそうだ。その後ローマにより滅亡させられるまでの約七〇〇年間、海上貿易や農業で繁栄をしたという。そしてカルタゴの最後に登場するのが名将ハンニバルである。一時はローマ帝国を滅亡の淵まで追い込んだハンニバルの奮闘ぶりを知りたい方は、塩野七生氏の著作をお読みいただ

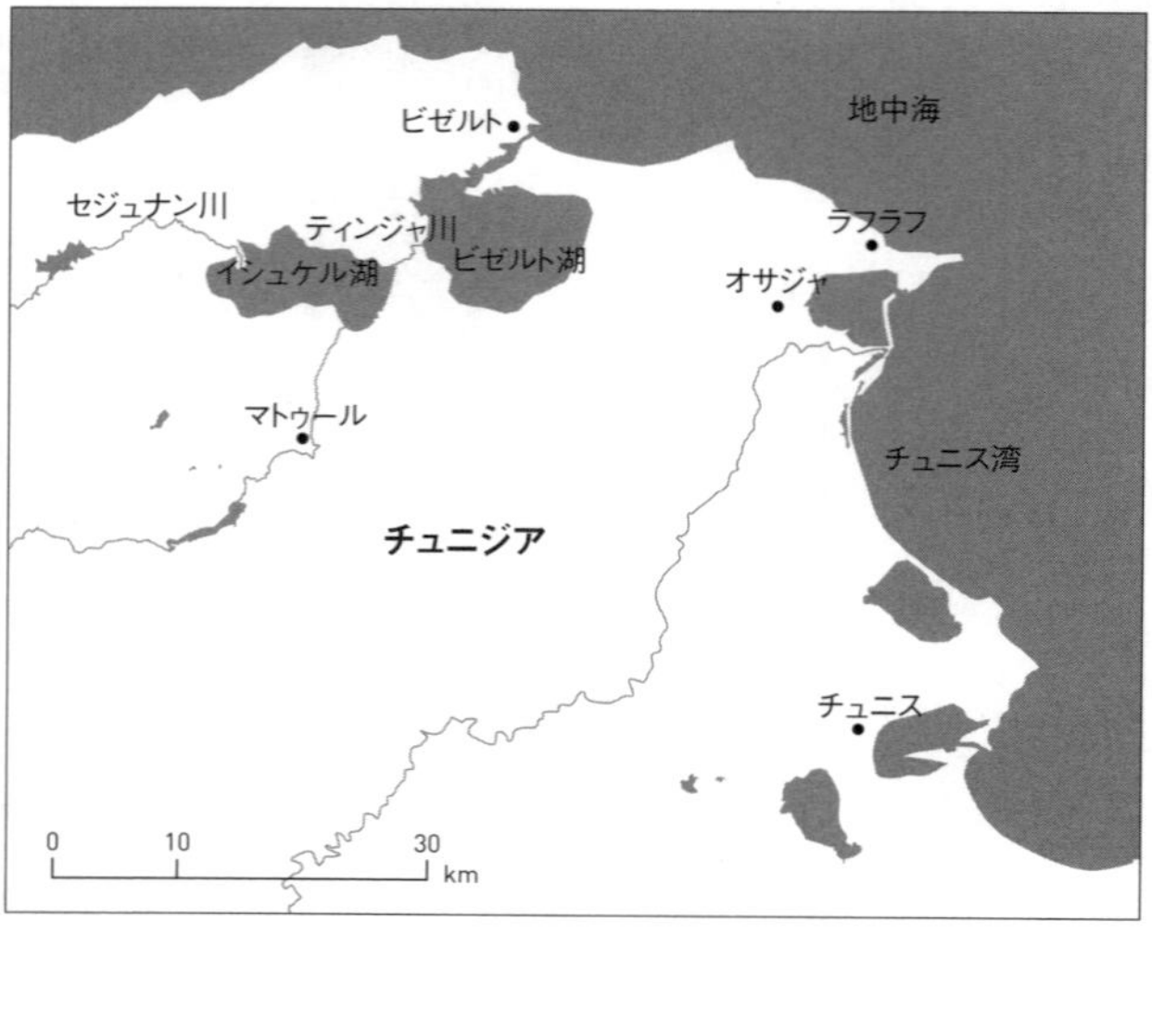

きたい。

・日ソ技術対決

今回の審査対象となったダム建設プロジェクトは、旧ソビエト連邦のコンサルタントが予備調査を実施していた。コンサルタントといっても、国の形が変わったことに伴って、国立研究所が民営化されてコンサルタント業を営むことになったのだそうだ。

米ソ冷戦時代の象徴の一つともいえる、エジプトのナイル川上流に建設されたアスワン・ハイ・ダム。高さ一一一メートル、貯水容量一六二〇億立方メートルの巨大ダムである。このダムをはじめとして、ソビエト連邦も多数のダム建設を手がけてきている。私自身はソ連が関わった大ダムの決壊事故をこれまでに耳にしたことはないが、世界ではこれまでにダム基礎部分の強度不足や遮水対策不足での決壊の事例もある。また、ダムをはじめとして、ほとんどの社会資本が現場条件の異なる単品生産である以上、一つ一つの施設に対する安全確認は調査から工事までの各段階で不可欠である。

今回対象のジアティンダムは、高さ三〇メートルとさほど高くないが、地盤調査が十分ではないこと、また基礎部分の遮水が日本の基準に照らして不十分であることから、将来の決壊事故に対して大きな不安を感じた。

なぜ、ダム建設を行うのに国によってこのような差が出てくるのだろうか。それは技術基準が違うからである。具体的に言うと遮水対策の目標レベルに五倍程度の差があった。私としても、日の丸を背負ってチュニジア国に派遣されており、日本の技術基準から外れたものを承認するわけにもいかない。コンサルティングサービスまでのファイナンスに留めた理由の一つはここにある。そして、このプロジェクトにはもう一つ難問が待ち受けていた。

・フラミンゴ舞い立つイシュケル湖

イシュケル湖は、フラミンゴをはじめ二二五種の鳥類が年間一〇~二〇万羽飛来する場所で、ラムサール条約に基づく湿地に登録されているほか、ユネスコからも世界自然遺産の指定を受けている。同湖の環境保全については、ドイツの援助により一九九五（平成七）年九月に環境影響評価書が作成されているが、この中で既存のダムが同湖に与えた影響とその対策が検討されている。

プロジェクトによる水の移動の詳細を紐解いていくと、

①まず、ジアティンダムで水を貯める。

②貯めた水をパイプラインで圧送して、いったんイシュケル湖への流入河川であるセジュナン川に落とす。

③イシュケル湖に入る手前に既に建設されているセジュナンダムで、もう一度水を貯める。

④そこから再びパイプラインで、チュニス首都圏等の水が不足している地域に水を送る。

という流れになる。つまり、このプロジェクトが先に述べた貴重なイシュケル湖の環境にどの程度の影響を与えることになるのか、という疑問が当然湧いてくる。この疑問を解くために、審査から八カ月後に再度のチュニジア国訪問となった。

イシュケル湖の集水面積は二〇八〇平方キロメートル、湖自体が一〇〇平方キロメートル、周辺の沼沢地が四一平方キロメートルある。流入する主要河川は、セジュナン川など五河川あるが、出口はティンジャ川だけで、水はティンジャ川、ビゼルト湖を経て地中海へと注ぐ。雨の多い冬期に塩分濃度が下がり、乾期となる夏期にはビゼルト湖の塩水が逆流して自然にイシュケル湖の塩分濃度が上がるという自然のサイクルを繰り返している。湖内にはヒルムシロという水草が繁茂しており、これが年間二〇万羽ともいわれる渡り鳥を養う貴重な食料になっている。渇水の年には塩分濃度が上昇しすぎて全滅することもあるそうだ。

ところがこの自然の塩分濃度の変動に変化が現れた。原因はこれまで積極的に行ってきた水資源開発である。イシュケル湖に入ってくる水量が減ったために、塩分濃度がこれまでよりも上昇してしまい、湖の環境が渡り鳥や既存の水生生物の生息に適さない方向に変化し始めたのである。

この塩分濃度の上昇に対処するために、まず一九九〇（平成二）年にイシュケル湖の出口にティンジャ堰が設置された。とはいえ、乾期でイシュケル湖の水位が下がる五月一五日から八月一五日までの三カ月間は堰を閉じたままにし、逆に雨の多い雨期には開けたままにするのである。加えて、後続の水資源開発のプロジェクトでは、イシュケル湖への補給水の確保を事業の目的に織り込むようにしたのである。今回の審査対象プロジェクトもジアティヌ川の塩分濃度の低い水をイシュケル湖の流入河川に導水し、湖の塩分濃度を下げることを目的の一つに織り込んでいる。

しかし、上げ足を取るわけではないが、元来降水量の少ない中での水資源開発なので、計画を立てても果たして本当にどれだけイシュケル湖に補給できるかは、やってみないとわからないというのが本当のところである。二度目のチュニジア国訪問は真冬の一月であったが、残念ながらフラミンゴの大群を目にすることはできなかった。いつの日かこの目で本物を見てみたいものだと思ってイシュケル湖を後にした。

その後、イシュケル湖は湖内の自然環境が更に悪化してきたために、ユネスコから一九九六（平成八）年に危機遺産の指定を受け、さらに二〇〇七（平成一九）年にはその登録リストからも除外されたことを知った。人間と自然との折り合いをどう付ければよいのか。水資源の少ない国では本当に難しい問題である。結果論ではあるが、ジアティンダムの建設資金を融資しなかったことは良かったと考えている。

プロジェクトの概要

事業名 ジアティンダム建設事業

実施機関 農業省

事業目的

「チュニジア北部水資源開発計画」の一つに位置付けられているジアティンダムおよび関連施設の建設を行うことにより、チュニス首都圏をはじめとする都市用水の供給とジアティン川下流の耕作地への灌漑用水供給を行うことを目的とする。

事業地域の特徴

ダム建設予定のジアティン川は、流域面積一二四平方キロメートル、流路延長二七キロメートルの小規模な河川である。河口は地中海に面しているが、沿岸流の影響で西側の岬の付け根まで河口が移動していった様子が地形図から読み取れる。

典型的な地中海式気候で、降水量は年間七〇〇～一〇〇〇ミリメートルに過ぎず、このうち約八〇％が主として一〇月から三月に集中している。流域平均としては八五〇ミリメートルとなっている。ただ、半乾燥地帯に位置するこの国においては多雨の地帯である。一方で年間蒸発散は一三八〇ミリメートルとなっており、降雨より蒸発散が上回っていることがわかる。

本事業の受益地は、パイプラインや水路を経てほぼチュニジア全土に及ぶことになるが、開発量が毎秒〇・五三二立方メートルと小さいために、水供給に対して劇的な変化はもたらすとは思えない。上水使用量はチュニス首都圏で一九八〇年頃の日一人当たり一三〇リットルをピークに頭打ちの状況にある。これは料金体系を累進的にしたこと、節水に対する啓発が進んだこと、工業用水の使用量が地下水の使用やリサイクルにより減少したことによると言われているが、供給側の制約による部分もあるのかもしれない。

また、灌漑用水はダム下流の約二〇〇ヘクタールに供給される予定であるが、現状の土地利用は穀物、野菜、タバコ等の耕作地、オリーブ等の果樹栽培および牧草地として利用されている。

ダム建設予定地周辺の土地利用は耕作地、低木の茂み、密度の低い山林が主でなだらかな地形である。特にダム軸の左岸側は砂丘の様相を呈しており、透水性が高くダムの安全性に疑問を抱かせる状況である。地元住民によると年間を通して水が涸れることはないそうで、現地視察の際には目視で毎秒〇・〇五立方メートル程度の流量があった。

事業全体計画

チュニジア国では全国水需要計画「Water Economy 2000」を一九九三(平成五)年に作成している。この本計画では二〇〇〇(平成一二)年頃の国レベルと地域レベルの水需要に対応可能な複数の水資源開発方策の立案とその比較検討を実施しており、チュニジア国の最上位計画である。この計画の下に今回要請のあったジアティンダムをはじめとする一五のダム設置を前提とし、チュニジア国沿岸部の都市への用水供給と三〇カ所の灌漑用水補給を行う「北部水資源開発マスタープラン」が定められている。

計画に位置付けられたダムの整備状況は、六ダムが運用開始済み。四ダムが一九九九(平成一一)年の運用開始を目指して建設中。さらにジアティンダムを含む五ダムが二〇〇一(平成一三)年の運用開始を目指して計画中となっている。

今回融資対象部分

審査時にチュニジア国の依頼を受けてロシアのコンサルタントが事前調査を行っていることがわかった。しかし、ダム建設に係る日本の技術基準とロシアのそれとがかけ離れており、ダムの安全性に確信が持てない状況であった。また、ダム建設がイシュケル湖の貴重な自然環境やダム下流域に与える影響の分析とその対策が十分検討されていない状況にあることも判明した。したがって、今回はジアティンダムおよび導水路等の関連施設にかかる地質調査、地形測量および詳細設計にかかるコンサルティングサービス費用のみを

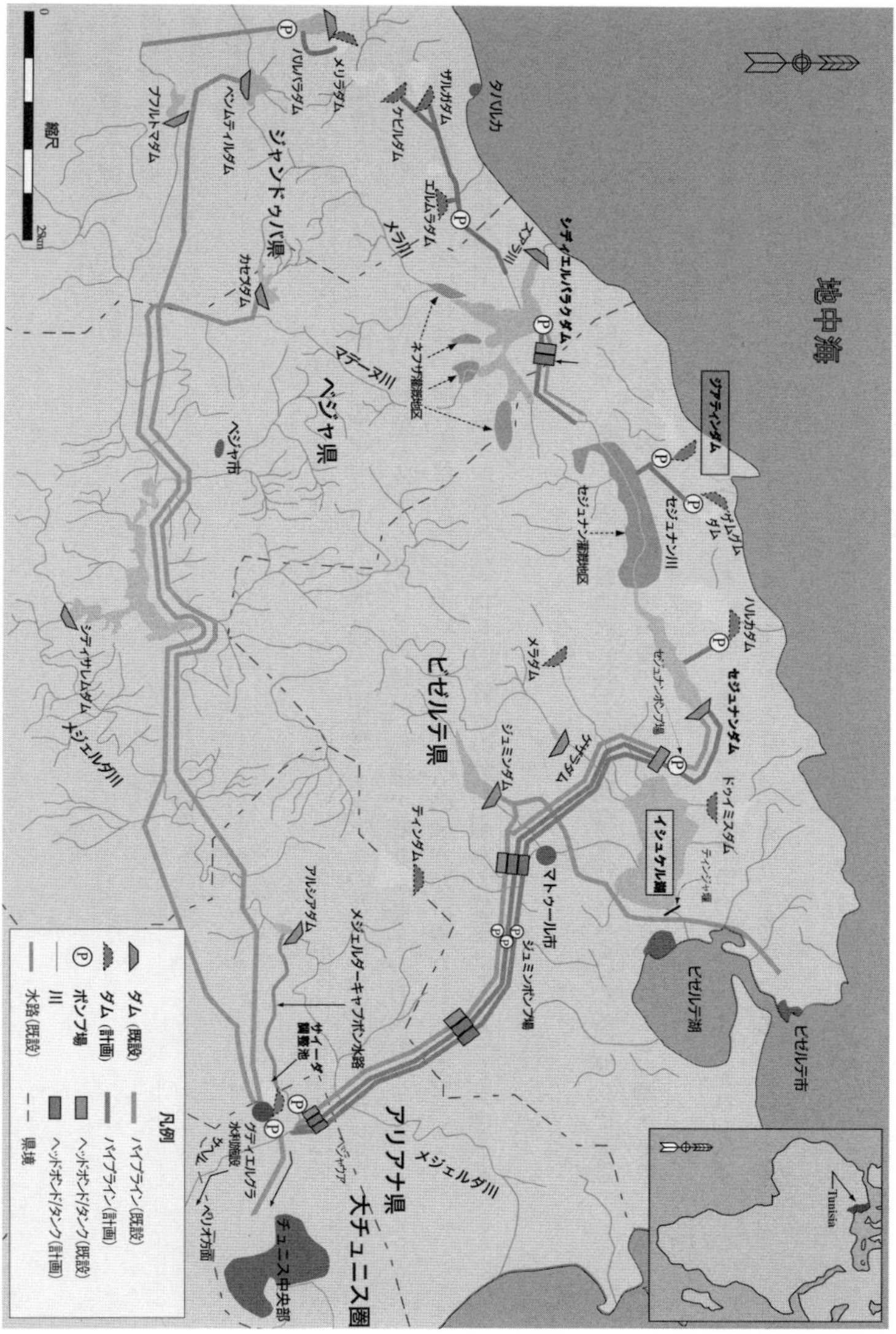

ジアティンダム建設事業の位置図

融資対象にすることとした。

事業費

総事業費：二億六八〇〇万円
融資対象：二億一〇〇万円
基準年月：一九九六年六月

参考情報

・河川の水質

チュニジアの主要河川の水は、一リットル当たり一・八～二・四グラム（五五〇～七四〇ｐｐｍに相当する）の高い塩分濃度になっており、特に雨量の少ない南部地域では顕著である。そのため耕作障害を起こしたり、飲用にも適さないなど深刻な問題を抱えている。と同時に、利用可能な水量そのものも不足している。このため相対的に雨量が多く塩分濃度も低い北部地域の河川からの導水が計画されているのである。ちなみに、一般的な作物の塩分許容濃度は一五〇〇ｐｐｍ、日本の飲料用水の基準は二〇〇ｐｐｍである。

・施設の維持管理と渇水調整

工事完成後の施設の維持管理はダム本体を除き、農業省管轄下の別組織が行うことになる。施設点検は毎日実施し、主要なポンプ場には管理要員が常駐して流量の定時報告を無線で行うシステムが導入されており、維持管理能力は高いことが確認できた。

この組織は原水の販売収入で独立採算をとっている。料金は導水にかかる費用の関数になっており、具体的には揚水ポンプ場を経由するたびに価格が上がる料金設定となっている。なお用途による差はなく、農民からも使用料を徴収している。

また、渇水調整は農業省が核となり利水者と調整を行うシステムになっている。現実には灌漑用水を削減して極力上水向けに給水するようになっているそうだ。

今後の課題

・上水供給の実態および新規水資源開発の方向性

一九九三(平成五)年時点で都市部では給水率一〇〇%を達成しているが、地方部では約三〇%であり格差が存在する。次に一人当たりの上水使用量であるが、チュニジア国全土では一九八五(昭和六〇)年の約一〇〇リットルをピークに、またチュニス首都圏では一九八〇(昭和五五)年頃の約一三〇リットルをピークにその後漸減傾向にある。一方、給水量の実績は一九七〇(昭和四五)年以降一貫して増加しており、チュニジア国の水資源開発事業は順調に推移していることがわかる。したがって、このギャップは漏水、盗水等の収入につながらない量が増加していることを示しており、一九九〇(平成二)年には全国で無収水量が約三割に達する状態になっている。日本の無収水量は約一〇%である。

仮に、日本のレベルまで無収率が改善されれば、一九九〇(平成二)年時点で年間約五六〇〇万立方メートルの水源手当てができることになる。これは二〇〇一(平成一三)年までに完成を見込んでいる五ダムの新規開発量に匹敵する量であり、建設に伴う費用、環境に与える負荷等を考慮すると、果たしてどちらを優先して投資すべきか検討の余地はあると考える。チュニジア国も老朽化した配水管の更新に取り組んではいるが、料金収入からの支出という制約下にあり、更新対象が約七〇〇〇キロメートルあるのに対して年間六〇キロメートルしか更新が進まない状況にある。

第七章

南米編

大統領謁見 ――エクアドル（マナビ州・ポルトヴィエホ川流域導水事業）

・大統領府への道

私は迷路のような石畳の道をガタガタと走る車の中で、内心身の危険を感じていた。大統領府はセントロに立地している。セントロとは英語で表記するとセンターであるが、一般に植民地時代に最初に造られた街の中心部、つまり旧市街地を指す。当然街が造られた当時に自動車交通など想定してはいないため、道幅も狭いのはもちろんのこと、街並みが古いので半ばスラム化している部分も多く、治安も悪いのが一般的である。前後をふさがれれば文字どおり「袋のネズミ」である。かなりの緊張感を味わうことができる。

セントロの風景

ようやく大統領府に到着。玄関に横付けされた車を降りると、鉄兜に歩兵銃の兵隊のお出迎えである。ここで日本大使館の一行と合流した。事前に我々一行の来訪があると伝わっていたのは当然だろう。鉄格子の扉を何枚か通り抜けてではあるが、大した手荷物検査もなく極めてスムーズに中に入ることができた。ここは少々拍子抜けした。

さて、一国の大統領に会うことなどもちろん初めてであるし、当然スペイン語など話せない。しかし挨拶だけはと、にわか勉強で覚えたつたないスペイン語で自己紹介をする。そして型どおり握手をする。何とか無事にその場をやり過ごすことができた。昼食が用意されており一緒にテーブルを囲んだが、大統領は終始非常に上機嫌で、食後には記念撮影にも快く応じて頂いた。

・吊革付きの飛行機？

驚いたことに、首都キトからプロジェクトサイトに向かう航空機の搭乗券に座席の表示がない。表そして裏。どう探して見ても表示がない。座席の指定はないのだろうか。オーバーブッキングしているのではないかと心配になる。そういえば、南米の駐在員からは搭乗開始後は急いで乗るようにアドバイスを受けていた。他の乗客も何となく落ち着かないように見えた。自分の座席を確保しないと本当にその便に搭乗できるかどうかわからないなんて。通勤電車のように吊革が付いていても不思議ではない雰囲気であった。そしていよいよ搭乗開始。我々も周りの人間につられて小走りに駐機場の飛行機に向かう。

座席を確保して腰を下ろし、やっと周りを見回す余裕ができた。どうやら吊革にぶら下がっているお客はいなさそうだ。でも完全に満席である。スペイン語で短いアナウンスがあった後、間もなく離陸を開始した。スピードを上げてしばらくは高度を上げていったのだが、それもつかの間、なんと我々の乗った飛行機は離陸したと思ったらいきなり降下を始めたのだ。あれっ？でもよく考えると首都キトは標高二八〇〇メートル。プロジェクトサイトのマナビ州ポルトヴィエホの標高はほぼゼロメートル。飛んでいくというより、降りていく感じになるのも当然である。世界の首都空港でキトは二番目に標高が高い。調べてみると一番高いのは同じ南米のボリビアの首都ラパスで四〇〇〇メートル。私ならラパスで飛行機を降りたとたんに高山病間違いなしである。

・援助対象は秘密兵器？

二〇〇九（平成二一）年九月六日に発生し、死者・行方不明者六名を記録した南北朝鮮のダム放流事故。臨津江（イムジンガン）上流の黄江（ファンガン）ダム（軍事境界線から四二キロメートル上流）から急に放流したために起きた事故のようだ。北朝鮮は二〇年ほど前に、臨津江の東側の北漢江上流に金剛山（クムガンサン）ダムを建設した。これに対して、韓国はこのダムが人工洪水を起こす兵器として利用されることを懸念して、国民から献金を募り、人工洪水を受け止める調節用ダムの建設費（一九八二（昭和五七）年着工）の一部に充当した実績がある。そんな心配が場所を替えて現実のものとなったのである。

日本でもテロリストが日本最大のダムを占拠し、ダム下流の二〇万世帯を水没させると脅迫するという舞台設定の映画『ホワイトアウト』が二〇〇〇（平成一二）年に公開された。ダム絡みの軍事行動やテロもあながち絵空事ではないのである。

南米のこの国ではどうだろう。軍隊がダムを警備している。既に完成したダムを視察したが進入路にゲートが設置されていた。いずれもテロ組織の活動を警戒しての警備だと思うが、日本のようにダムを観光資源にしようなどという発想が彼らに湧いてくることは決してないだろう。

ここで、ダムに貯めた水を本当に兵器として使った例を紹介しておこう。一九三八（昭和一三）年六月九日、黄河下流河南省花園口でのことである。日本軍の攻撃から逃れる蔣介石率いる国民党軍が、日本軍の追撃を阻むために黄河の堤防を破壊し、人工洪水を引き起こしたのである。軍事作戦なので、当然中国人民にも知らされることはなかったようだ。被害については諸説あるが、浸水は河南省、安徽省、江蘇省の一一都市と四〇〇〇の村に及び、水没面積は五万四〇〇〇平方キロメートル、水死者八九万人、被災者一二五〇万人に達したとされる。

これ以外にも、第二次世界大戦中にドイツのルール工業地帯を壊滅させるために、イギリス軍がドイツのエーデルダム、ネーメダムを空爆して破壊した例や、朝鮮戦争中にアメリカ軍が戦局打開のために日本が建設した水豊ダムを空爆した例がある。水豊ダムはダムが頑丈に造られていたため決壊することはなかったそうである。

「水」は、その特性故に兵器にもなる。海外では未だにそういう環境下でダムプロジェクトを遂行している人々もいるのである。またしても、我々日本人が平和の有難さを実感できる瞬間である。

・別荘ライフ

一件のプロジェクト審査のための出張は概ね二週間である。ということは途中に週末を一回挟むことになる。仕事を手伝って頂いた地元の建設コンサルタントの人から、週末に友人の別荘に一緒に行かないかと誘われた。金曜日の午後のことである。地元の人々の生活を垣間見るよい機会と思い、厚意を受けることとして翌日を待った。

滞在しているホテルで一〇時頃ピックアップしてもらい、山道を登ること約一時間。一目で牧場とわかる場所に着いた。先客も多数来ているようで、誰がこの別荘の主かさっぱりわからない。飲み、食い、歌い、踊りと既にみんな盛り上がっている。誰が入り込んでいても誰も気にしない。しばらくすると状況がわかってきた。どうやらこの別荘と称する牧場の主は普段は下界に住み、牧場の管理自体は住み込みの家族の手に委ねているようである。

突然、馬が引き出されてきた。鞍と鐙は付いている。牧場主が皆に誰か乗ってみろと勧めているようだ。少々酔いの回った連中が何人か前に進み出た。大丈夫なのかと思ったが、使用人が側で手綱を引いて三〇メートルほどの直線コースを軽くギャロップするだけであった。私は遠慮したが、勇気ある同僚の竹田君は酔った勢いで乗馬を楽しんだ。

エクアドルの富裕層は、こんな風に毎週末を過ごしているのだ。週末の一時を共にのんびりと過ごさせてもらった。

・雨の日はお休み

「風吹けば、桶屋が儲かる」という諺《ことわざ》がある。風が吹けば埃が立って目が見えなくなる人が増える。そうすると三味線弾きが増えるので三味線の需要が増える。三味線を作るのには猫が必要なので、猫が減って代わりに鼠が増える。鼠が増えるとかじられる桶がふえるので、最後は桶屋が繁盛するという話である。つまり本来全く関係ないように思えることがらでも、思わぬ所に思わぬ影響が出ることのたとえである。しかし、「雨が降れば、学校はお休み」はそうではない。密接に関係している事柄でつながっているお話である。

エクアドルの学校は一二月下旬から二月下旬までお休みだそうだ。一方、雨期は一二月から四月まで。大体重なっている。子供たちがどうやって学校に通っているかというと、スクールバスだそうである。勘のよい方ならもう気がつかれたことだろう。道路が舗装されていないので、雨が降ると道路がぬかるむ。そうするとスクールバスが走れなくなる。だから本当に学校に通えなくなるので、休みになるのである。

今から四〇年ぐらい前。私が子供の頃は、幹線道路から外れると舗装がないのが当たり前であった。だから雨の日には学校には長靴を履いて通い、水たまりに入って水しぶきを飛ばして遊ぶのが常であった。それがいつしか舗装されていない道を探すのが難しい状態になり、いつしか都会では通勤通学の長靴姿を見ることは皆無に近い状態になった。二〇〇六（平成一八）年時点で日本の道路舗装率は約八〇％だそうだ。これをまだ二〇％も残っていると考えるのか、それとももう二〇％しか残っていないと考えるのか。人それぞれだろう。しかし、残された二〇％の道路を日々使う人々がどう感じているのか。それが一番重要ではないだろうか。高速道路の整備も同じだと思う。海外では先進国、途上国を問わず、今でも高速道路の整備が国家の政策として進められている。わが国も今一度冷静に考えるべきではないだろうか。

参考文献

・総務省統計局「世界の統計２００９」二〇〇九年

・世界の食べ物

中国の華僑が全世界に根を下ろしていることはよく知られている。そしてそのネットワークも非常に力強いものであるといわれている。したがって、同様に中華料理も世界中に根を張っている。ここはエクアドルの片田舎。昼食で中華料理屋らしき店に入った。何気なくチャーハンを頼んだが、出てきたものは焦げて黒い。これはなんだと思ってスプーンで一口すくって食べてみたらソース味だ（醬油がないのなら塩味でもよいのに……）。珍しいものを口にすることになった。余談であるが、北アフリカのチュニジアにもあった醬油がここにはない。チュニジアで出会った醬油は関西人が持ち込んだものだ。なぜ関西とわかったといえば、ウエイターが「モウカリマッカ。ボチボチデンナ」と話しかけてきたからである。

話は変わるが、南米でしか味わえなかった食べ物がある。プラタナという外見はバナナに似たものであるが味が違う。全く甘くないのだ。だからチップスにしておやつとか主食代わりにするようだ。食べても飽きがこない不思議な食べ物である。そういえば子供の頃、「やめられない止まらない」というコマーシャルのお菓子があった。確かに途中でやめられなかった記憶がある。そんな食べ物が南米にもあった。

食べ物ついでにもう一つ紹介しておこう。エクアドルでは海岸部でエビの養殖も盛んに行われている。今回のプロジェクトもエビ養殖の生産性向上のための真水の補給が含まれている。そのエビなどの新鮮な魚介類を使った料理が非常に気に入った。セビッチェと呼ばれているものだが、お酢ではなくレモンを絞った汁の中にエビや貝や魚の切り身を漬け込むだけの簡単な料理である。前菜向きの料理なのだろうが、酸味が効いているので暑くてバテている時に食欲が湧いてくる。滞在したホテルで毎日食べさせてもらった。

プロジェクトの概要

事業名　ポルトビエホ川流域導水事業

実施機関　マナビ州復興センター（CRM）

事業目的

ポルトビエホ川およびチョネ川流域の上水、灌漑、水産養殖用に流域外のダウレ川から導水することで、慢性化するマナビ州の水不足の改善を図ることを目的とする。

事業地域の特徴

事業対象地域であるマナビ州は、人口一〇三万人を擁し、農業とエビの養殖が盛んな地域であるが、慢性的な水不足に悩まされている。降水量は山間部で年間一八〇〇ミリメートルあるのに対して平野部では四〇〇ミリメートルしかなく、しかも乾期にはほとんど降雨がない厳しい気候であるため、灌漑用水不足で耕作のできない農地もある。風景を見ても海岸線の樹木にはほとんど葉がなく半乾燥地帯となっているのに対して、降水量の豊富な内陸部は山全体が青々としていることからもそれがわかる。

この状況に対してマナビ州は以下のような長期計画を立てている。①上水：二〇二〇年に一七万人増の二二〇万人に一日一人当たり五四〇リットルを給水。②灌漑：現状一万三五三〇ヘクタールに対して、将来はその約二・二倍の二万九七五〇ヘクタールに用水供給。③エビ養殖：一九八四（昭和五九）年の四二三ヘクタールから、二〇〇〇（平成一二）年時点ではその約一・三倍となる五五四七ヘクタールに補給水を供給。

事業全体計画

ダウレ川の豊富な水量を、水需給ギャップに悩むポルトビエホ川およびチョネ川流域に導水するために、ダウレ川のダウレ・ペリパダムとポルトビエホ川のポザ・オンダダムの既設の二ダム間に、中継用貯水池としてチョネ川上流にラ・エスペランサダムを建設する。その上でこの三つのダムを二本の導水トンネルで接続する。加えて導水の効果を一層発現させるために、ポザ・オンダダムからポルトビエホ川の支川チコ川上流に導水するトンネルを一本掘削する。なお導水量は毎秒最大一六立方メートル、年間約二・一億立方メートルを計画し、計画対象渇水年は五年とする。

今回融資対象部分

今回の融資は上記計画のうち、下記の二本の導水トンネルおよび付属施設に対して行う。

・ラ・エスペランサダム〜ポザ・オンダダム導水計画

トンネル：延長　一一・四キロメートル、形状　標準馬蹄形、内径　三・五メートル

開水路：延長　五・五キロメートル、形状　逆台形

導水量：毎秒一六・〇立方メートル

工事用道路：四路線　総延長　三〇・六キロメートル

その他付属施設：中継ポンプ場　変電所　送電線

・ポザ・オンダダム〜マンチャ・グランデ導水計画

トンネル：延長　四・一キロメートル、形状　標準馬蹄形、内径　二・五メートル

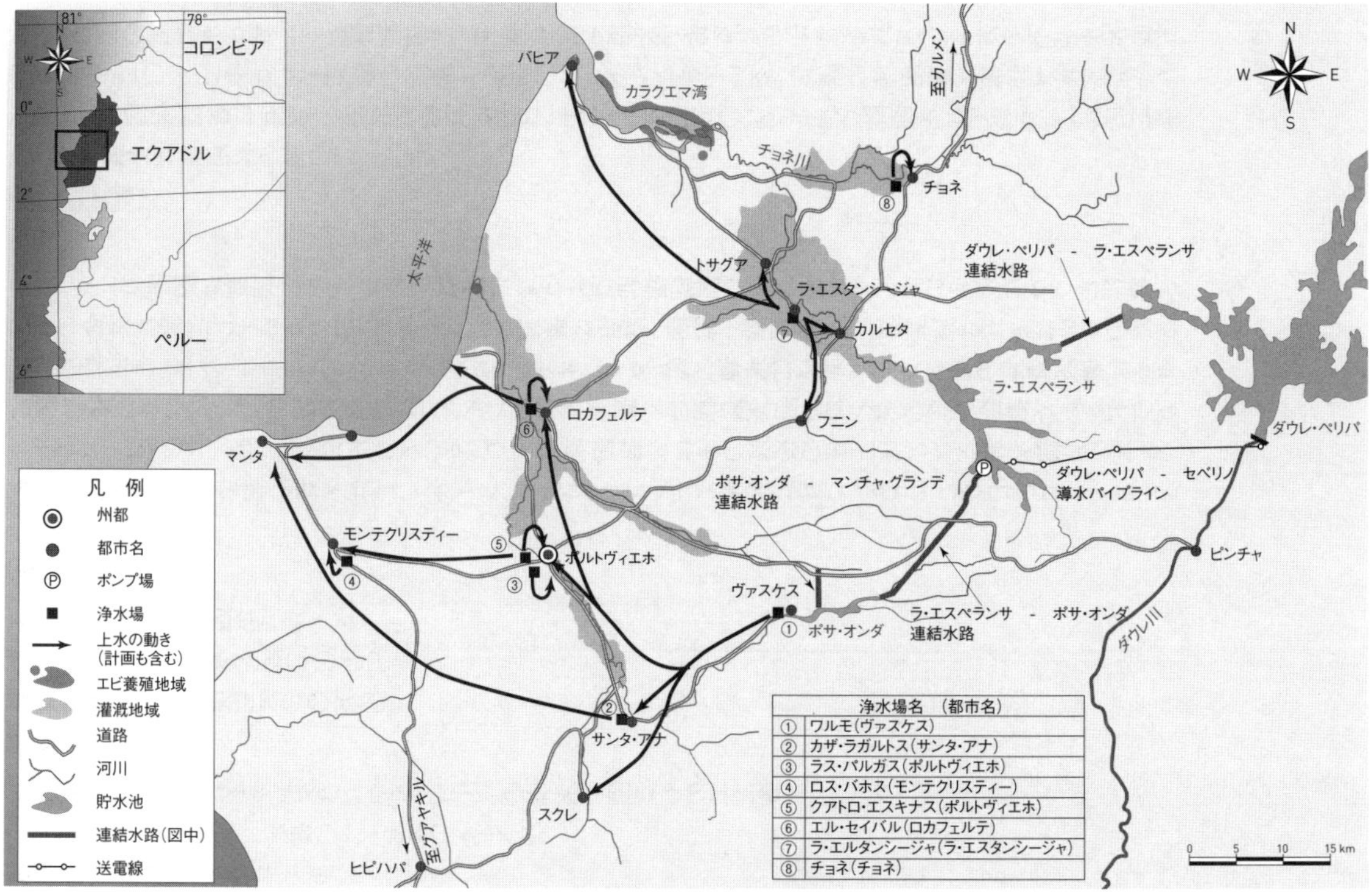

ポルトビエホ川流域導水事業の位置図

導水量：毎秒四立方メートル
工事用道路：一路線　延長　〇・七キロメートル
※本導水計画はポサ・オンダダムからチコ川への導水を図るものである。

事業費

総事業費：一三八億三二〇〇万円
融資対象：一〇三億七四〇〇万円
基準年月：一九九四年八月

参考情報

・協調融資
このプロジェクトは協調融資案件で、スペイン、イタリア、アンデス開発公社（CAF）とOECFがプロジェクトをパーツごとに分解して分担している。OECF担当分はその最後の仕上げとなる導水部分である。協調融資のせいか、ダム建設現場ではスペインに本社を置く世界最大級のコンセッション企業であるドラガドスが受注を、また、ラ・エスペランサダムからポザ・オンダダムへの導水に必要なポンプ用の発電設備はイタリアの企業が受注しているとのことであった。調達は当然、国際一般競争入札で実施されてはいるのだろうが、やはり各国は自国企業が有利な条件になるよう非援助国に働きかけをしているのだろうと推察された。

今後の課題

・水使用量と水使用料の徴収
エクアドル国保健省において、上水の給水は一日一人当たり四五〇リットルと計画されている。これに工業用水分を二〇％上乗せして実際の給水は五四〇リットルとさている。実際の使用量は確認できなかったが、この国の国力から考えても計画値として余りにも過大であるとの印象を持った。一方で不明水が四五

%と高率であることから、給水量を上げることより不明水を減らす対策を優先すべきである。なお不明水の原因は量水器の感度、ヤミ取水、漏水とされている。

また、料金の徴収状況は上水の四〇%、灌漑用水の八〇%について料金徴収漏れがあると報告されている。CRMによるとこの原因は需要を満足できる給水がないため利用者が意図的な不払いを起こしているとのことであった。当初はCRMに借款の返済義務がないため料金徴収に力が入っていないことも低い徴収率につながっているのではないかと疑われたが、コンサルタントサービスの業務内容に料金徴収の仕方について職員研修を行いたいとの要請があり誤解であることが判明した。

・貯水池および河川の水質改善

ポザ・オンダダムではアオコ発生直前の状態であったが、当ダムから圧力管で直接受水しているワルモ浄水場の職員によると、最近水質が良くなってきたとのことである。当ダムは試験湛水中のラ・エスペランサダムとともに環境影響評価の際に富栄養化が予測されており、予断は許さない。

一方、原水供給元のダウレ・ペリパダムは一九八八(昭和六三)年に竣工した新しいダムであるが、ダムサイトでかなりきつい硫化水素臭がし、水が黒ずんでいる。貯水池水面には一面にホテイアオイが浮いており、水質面でかなり問題のあるダムであることがわかった。なお、水の色はダム下流二〇キロメートルにある街でも同じで、河道内の浄化能力も期待できないほど汚濁が進んでいる状況であった。

エクアドル国側もこの事態を重く受け止め、スペインの無償援助も一部に充当して環境管理計画を立てて調査を実施中である。この計画は水質管理と流域の浸食防止を目的としている。また、雨期に貯水池の低層水を積極的に放流する取り組みも行っており、最近は低層の溶存酸素濃度に改善の兆しが見られるようになってきた。加えてダム集水域内の住民に浄化槽設置の義務も負わせているとのことであった。このように様々な努力がなされていることはわかったが、状況はかなり深刻であり一層の取り組みが求められるところである。

地球の裏側で——ブラジル(サンタカタリーナ州・イタジャイ川流域治水事業)

・コルコバードの丘

リオデジャネイロのイパネマ海岸は圧倒的な迫力がある。ビキニ姿の若い女性、ビーチバレーに興ずる若者たち、ヨットや海水浴を楽しむ人々等で賑わっている。しかし、ここで海に入る気にはなれない。とにかく水が汚いのである。三〇階建てのホテルの二六階から見える海は、コバルトブルーではなく、緑色っぽい入浴剤の色をしているように見える。湾内の浄化プロジェクトの計画もあるのだと、飛行場からホテルへ向かう車の中でリオ駐在の坂倉氏から聞いた。

しばしホテルで休憩を取った後に、ミッション全員で奇岩で有名なボン・デ・アスカールの頂に登ることになった。麓までは車で移動し、そこからロープウェイを二本乗り継いで登る。標高はさほど高いとも思えないが、風のせいもあって肌寒く感じられた。また、周辺では至る所で雲が発生して瞬く間に視界がなくなることもしばしばであった。おそらく急にそそり立つ山に風が当たり雲が発生するのであろう。ロープウェイ中継地点のウルカの丘からはコルコバードの丘に立つキリスト像が雲間に見え隠れしていた。

ところで、頂上の丘から見おろすグアナバラ湾の水の汚いこと。ホテルの窓から見るよりもより一層はっきりとわかる。外洋と湾内でまるで色が違うのだ。湾自体がさながら下水処理場の嫌気処理槽のように見えた。小型ジェット機を生産するブラジルという国のイメージとの大きな

ニカラグア
コスタリカ
ベネズエラ
ガイアナ
ギアナ
スリナム
コロンビア
ラ・エスペランサダム
ポザ・オンダダム
キト
ナポ川
エクアドル
グアヤキル
マナビ州ポルトビエホ
南大西洋
ブラジル
ペルー
リマ
ボリビア
太平洋
パラグアイ
リオデジャネイロ
サンパウロ
チリ
パラナ川
サンタカリーナ州フロリアノポリス
ウルグアイ川
ウルグアイ
アルゼンチン
ラプラタ川
0
500
1,000
2,000
km

ボン・デ・アスカール

ギャップを感じた瞬間である。

・ヌーディストビーチ

「浦上さん、行きましょ～よ～」

と相棒が言う。彼は某銀行からの出向者でリオ支店勤務の経験もありブラジル事情に非常に詳しい。

「どこへ?」

「ヌーディストビーチですよ。有名なんですよ」

ホテルにプールがある場合も少なくないので、出張用スーツケースにはいつも水泳パンツを入れている。またホテル内の部屋履き用にビーチサンダルも持ち歩いている。だから道具に不足はない。ということで、半信半疑ながら相棒の誘いに乗って週末にタクシーで出かけることにした。

南半球の一二月なので真夏一歩前ではあるが、朝から既に暑い。海岸線を二人でゆっくりと歩いて行く。結構人が訪れている。子供から年配者まで年齢層も幅広い。その中で一人すっぽんぽんのお兄ちゃんがサッカーボールのリフティングをしている。見たくないものを見てしまった。無視して脇を通り抜ける。

「いないね～」

「いませんね～」

やがて砂浜が途切れて岩場が現れた。

「戻ろう」

「戻りますか」

あきらめて引き返すことにした。先ほどのお兄ちゃんがまだボールを蹴っている。やれやれ。

結局午前中で引き上げたが、成果はお兄ちゃんのお芋一丁だけであった。半日を無駄にしてしまった。

丘から見たグアナバラ湾

・日本の便器は世界を救う

ブラジルのホテルのトイレは欠陥商品だと思う。なぜならトイレットペーパーを流すと詰まるのである。最初から何度か水を流さないとうまく流れないなとは感じていた。それがとうとう詰まった。当然ホテルのフロントに修理を頼んで仕事に出た。

この話を相棒にしたところ、「えっ！　流しちゃ駄目ですよ。便器の横にゴミ箱があるでしょ。あれに入れるんですよ」と、当たり前のように言うのである。トイレットペーパーの質が悪いのか。便器の排水管の形状が悪いのか。それとも文化が違うのか。とにかく日本の感覚でトイレを使ってはいけないことがわかった。もしかすると、この国の下水道も海に直接放流をする西洋式になっており、海の汚染を軽減するために異物を混ぜないようにしているのだろうかと思ったが、確認するまでには至らなかった。

ところで、日本製の水洗トイレの洗浄水量が、出始めの頃と今とではどのくらい少なくなったのかご存知だろうか。一九七〇年代には一回一三～一六リットルであったものが、近年では改良を施して節水型便器となり、なんと五～六リットルにまで減っているそうだ。半分から三分の一にまで劇的に減ったのだ。『「水」戦争の世紀』という図書の翻訳本が二〇〇三（平成一五）年に出版されている。原著は二〇〇二（平成一四）年で著者はカナダの政治活動家で「カナダ人評議会」議長でもあるモード・バーロウらだが、これによるとカナダのトイレの洗浄水量は一八リットルで、これを前提に議論を展開している。彼らは日本の最新技術を知らないのだろう。

少し頭を巡らせてみると、水を作るのにもエネルギーが必要だ。現在わが国は国を挙げて地球温暖化防止対策を取ることとしている。ならば、日本の便器を輸出するのは名案ではないか。これからトイレを水洗化するところだけでなく、既に設置してある便器を交換してもらおう。トイレ用の洗浄水量が三分の一になる。そうすれば水不足対策の一助にもなる。おまけに水製造のエネルギー消費が減少するので温暖化対策にもなる。日本だけのことを考えると排出権枠の買い取りも少なくなるというわけだ。私は住宅版エコポイントの対象に節水型トイレへの改修も含めることを提案したいと思っている。

そう考えているときに「上海万博で世界一のトイレをPR」という新聞記事を目にした。ＩＮＡＸが中国での市場開拓の意味も込めて、上海万博に黄金色の便器を出品したというのだ。黄金といっても、陶器の釉薬に本物の金を混ぜて焼いたものということだが、黄金色は中国人が好む色だそうだ。中国は世界一の人口を抱え、加えて経済成長が著しい。その中国で日本の便器が広まれば、大きな節水・省エネ効果が期待できるというものだ。日本の便器万歳！

参考文献

・モード・バーロウら『「水」戦争の世紀』二〇〇三年

・無念

今回の審査対象はサンタカタリーナ州を流れるイタジャイ川の治水対策事業である。借款の契約は日本とブラジルの政府間で結ばれるが、実際の仕事は州政府が行うので、我々審査チームはリオデジャネイロからサンタカタリーナ州の州都フロリアノポリスに移動して審査を行った。

さて、州政府のプロジェクト担当者と初めての打合せ。担当部長パウロ・ロベルト氏は第一印象で信用に値する人物と感じられた。とにかく熱心なのだ。通常の審査は二、三日机上で打ち合わせをした後に現地視察に出るが、今回も通例に倣って視察したい場所を地図上で確認していって移動手段の手配をお願いした。するとヘリコプターを用意すると言い出した。ヘリコプター？確かにブラジルは小型ジェットやヘリコプターを国内で生産している国で、国民一人当たりの生産額からしても中進国に相当する。しかし、一方で円借款を要請してきている国なのである。私はそのギャップに戸惑いを覚えた。

翌日、ヘリポートに案内されプロジェクトサイトを空中から視察することになった。ヘリコプターに乗るのは二度目である。初めて乗ったのは兵庫県河川課に在籍していた一九八七（昭和六二）年である。この時は初めて乗る緊張感と荒っぽい操縦で船酔い状態になり、エチケット袋のお世話になった苦い思い出があったが、今回は操縦も穏やかで実に快適なフライトだった。やはり土木の現場は空から見るとよくわかる。河道内の対策工事の妥当性を確認するには適切な視察方法である。

良好な審査環境であったにもかかわらず、審査後のブラジルと日本の政府間の最終調整の中で、このプロジェクトは結局円借款供与には至らなかった。その理由は公式にはサンタカタリーナ州政府の信用枠が足りなくなったというものであるが、そんなことは審査前からわかっていそうなものである。私には中央政府と州政府の間のやりとりが、行政改革のなかで混乱したことが一因ではないかと思われてならない。結局、今回の審査は無駄足になったのであった。

そしてこのプロジェクトにも後日談がある。二〇〇八（平成二〇）年一一月の洪水でイタジャイ川が大氾濫を起こし、死者八四人、五万四〇〇〇人以上が避難するという大災害に見舞われたのである。あの時にプロジェクトが実施できていればと、プロジェクト審査担当者としては今でも残念でならないのである。そして、治水・利水事業という平素はその有り難さがなかなか実感できない社会資本整備を計画的に進めていくことの難しさに、歯がゆさともどかしさを感じるのであった。

プロジェクトの概要

事業名　イタジャイ川流域治水事業

実施機関　サンタカタリーナ州政府

ここ数年大統領令に基づく組織変更が相次いでおり、審査時点では受け皿が確定していない状況であった。既に法律上は河川の管理は連邦政府から州政府に移管されているが現実が伴わず、審査の対応は連邦政府の従来の担当職員が行った。

事業目的

ブラジル南部のサンタカタリーナ州のほぼ中央を流れるイタジャイ川およびその支川イタジャイ・ミリン川等は、河道の流下能力の不足と本川背水の影響のためしばしば洪水被害を引き起こしており、人的および経済的被害は甚大である。よって本事業によりイタジャイ川下流部の都市ブルメナウ、ガスパルおよびイタジャイの洪水防御を図り、もって民生の安定と地域の発展に資することを目的とする。

事業地域の特徴

イタジャイ川は流域面積一万五二二〇平方キロメートルで、日本最大の流域面積を持つ利根川(一万六八四〇平方キロメートル)に匹敵する河川である。この川はその河床勾配に特徴があり、平坦な上流部から急峻な中流部を経た後で下流部で再び緩勾配となり、同時にその下流部は感潮区間になっているため蛇行を繰り返している。つまり中流部から一気に下ってきた洪水が下流部で勾配が緩くなるがゆえに流送土砂を堆積させるとともに、急速に速度を落とすために水深が大きくなって河道から溢れ水害をもたらすというメカニズムになっているのである。これに対して通常なら河道の両岸に堤防を築いて対応するところであるが、ブルメナウが観光都市という性格を有しているため、これまで景観を阻害するという理由で堤防を高くする工事は行うことができなかったのである。

このような中、一九八三(昭和五八)年七月、一九八四(昭和五九)年八月と二年続けて五〇年確率規模の洪水により大きな被害を被ったのである。特に一九八三年の洪水は湛水面積が二七〇平方キロメートルに達し、また一メートル以上の湛水期間は一週間にも及んだ。被害額はＧＲＤＰの一六％にも達するという大きな被害を出したため、住民の間でも治水対策の必要性の認識が一気に高まったのである。

事業全体計画

上述の洪水の後の一九八六(昭和六一)年、ＪＩＣＡがイタジャイ川流域の治水マスタープランを策定し、続いて一九八八(昭和六三)年にはブルメナウ~ガスパル間、さらに一九九〇(平成二)年には下流部のイタジャイ周辺の予備調査を実施した。これにより、将来計画として五〇年確率、中期計画として二五年確率、緊急計画として一〇年確率の洪水対応が提案された。なお、前提条件として、上流には建設済みの三つの治水ダムが配されている。

今回融資対象部分

JICAが予備調査を行った二区間について、緊急計画として提案された一〇年確率洪水対応の洪水防御事業を実施する。概要は以下のとおり。

〈ブルメナウ～ガスパル間〉

イタジャイ川の中流部約三二キロ区間を対象とし、本川の河川改修およびブルメナウ市街地の治水対策を実施する。ブルメナウ地先での計画対象流量を毎秒三四〇〇立方メートルとする。

・イタジャイ川中流部改修

河道掘削　五五五万立方メートル

築堤　四・八キロメートル、パラペット堤防　〇・六二キロメートル

ギャスパー分派水路　二・二キロメートル

橋梁新設　一橋、道路付け替え　一・五キロメートル

・市街地排水（ガルシア川、ヴェリャ川およびイトウパバ川）

河道掘削　五万四〇〇〇立方メートル

築堤　四・〇キロメートル、パラペット堤防　〇・二九キロメートル

橋梁嵩上げ　一一橋

調整池　一〇カ所（合計容量　一五二・六万立方メートル）

ポンプ場　六カ所（合計排水量　毎秒一四・九五立方メートル）

〈イタジャイ～ナベガンテス間〉

イタジャイ川下流部の河口から二三キロメートル区間の河川改修およびナベガンテス海岸への延長九・〇キロメートルの放水路開削を実施する。なお計画対象流量は河口イタジャイ地先での毎秒二二七〇立方メートル、放水路は毎秒一二三〇立方メートルとする。またイタジャイで合流する支川イタジャイ・ミリン川の改修により市街地排水対策も併せて実施する。

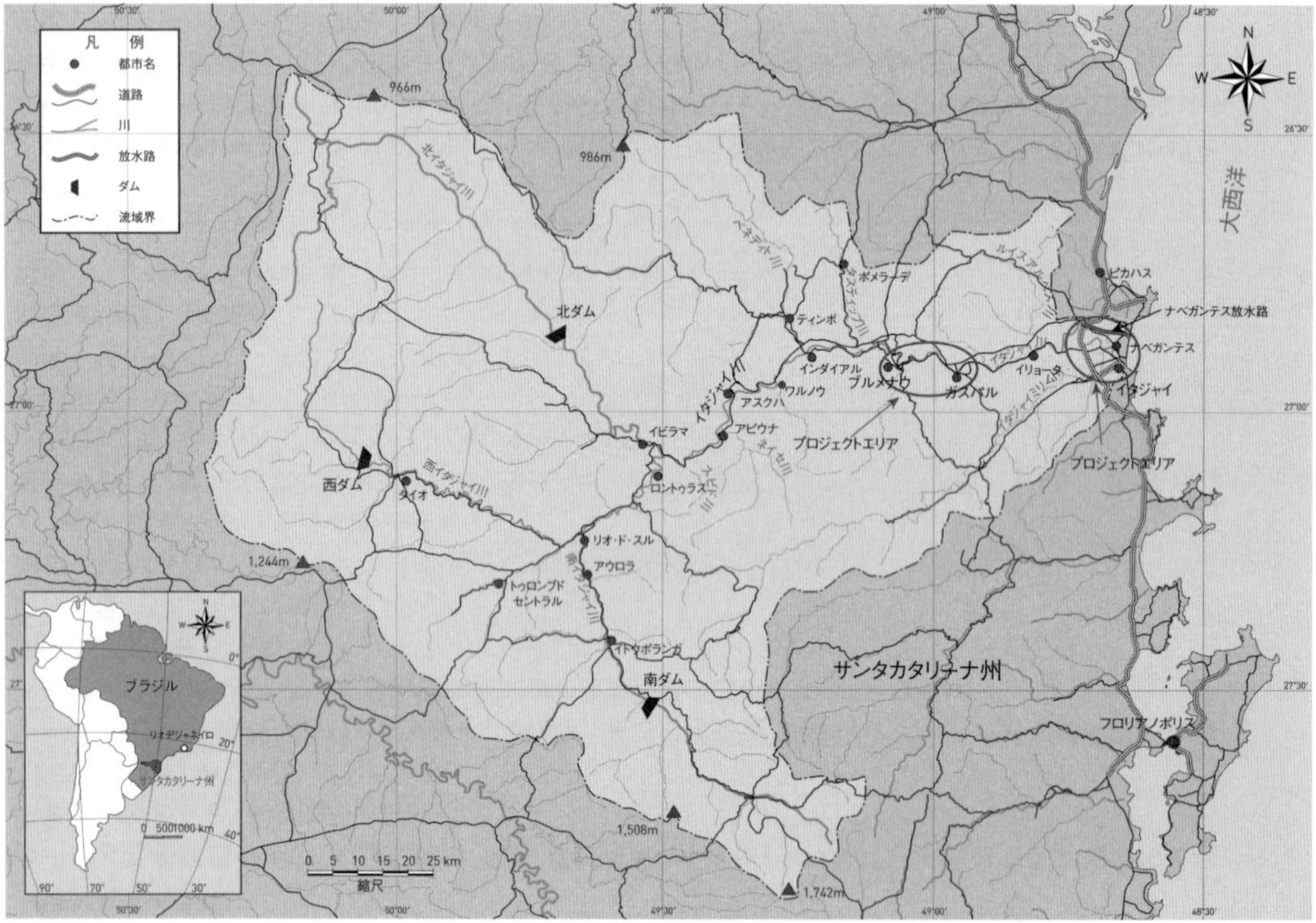
凡　例
都市名
道路
川
放水路
ダム
流域界
大西洋
966m
986m
1,244m
1,508m
1,742m
北イタジャイ川
ベネディト川
北ダム
西ダム
西イタジャイ川
タイオ
イビラマ
ロントゥラス
アスクハ
アピウナ
イタジャイ川
ティンボ
ポメラーデ
インダイアル
ワルノウ
ブルメナウ
ガスパル
イリョータ
イタジャイミリム川
ルイスアルヴェス川
ピカハス
ナベガンテス放水路
ナベガンテス
イタジャイ
プロジェクトエリア
プロジェクトエリア
リオ・ド・スル
アウロラ
トゥロンブド
セントラル
イトゥポランガ
南ダム
サンタカタリーナ州
フロリアノポリス
ブラジル
リオデジャネイロ
サンタカタリーナ州
0　5　10　15　20　25 km
縮尺

イタジャイ川流域図

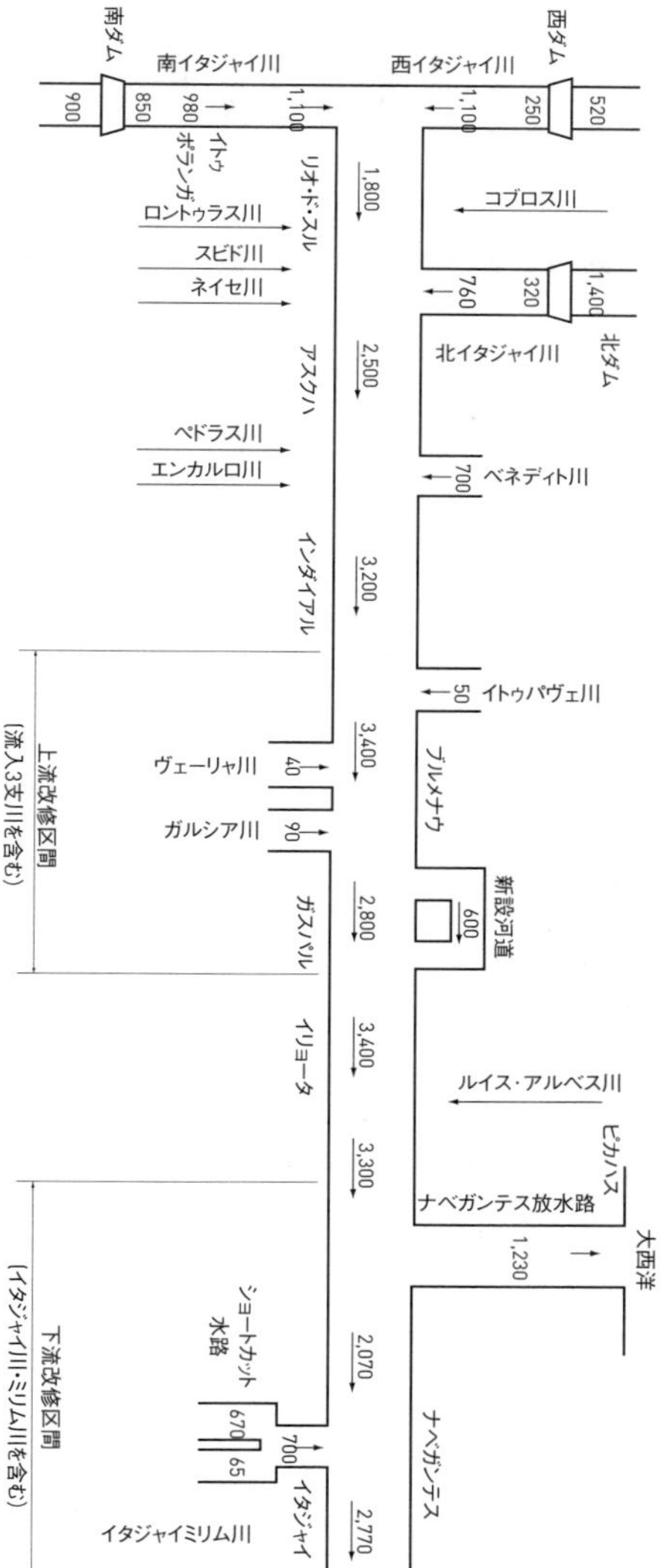

イタジャイ川河川改修の概要図(数字の単位は㎥/sで、確率年1/10の流量を示す)

・イタジャイ川下流部改修
河道浚渫　八一六万立方メートル
築堤　一三・八キロメートル、パラペット堤防　二・七キロメートル
・放水路開削
河道浚渫　四五〇万立方メートル、河道掘削　三〇〇万立方メートル
築堤　六・二キロメートル、河口導流堤　一・二キロメートル
橋梁新設　一三橋、道路付け替え　二・一キロメートル

事業費

総事業費：二九三億二七〇〇万円
融資対象：一七五億九六〇〇万円
基準年月：一九九五年一二月

参考情報

・将来改修計画
JICAの予備調査では、一〇年確率洪水対応から五〇年確率洪水対応へのランクアップは、河道および放水路の拡幅で対応するように計画されている。したがって、河床の掘削は将来的には行われないため、今回の計画で横断工作物の根入れ深さが固定できるというメリットがある反面、将来計画実現のためには横断構造物の基礎の継ぎ足しが必要になる。ただし、用地買収は将来計画に合わせた幅で行う予定である。

今後の課題

・イタジャイ川河口部埋塞とナベガンテス海岸への放水路
現在の河口部は直上流部に比べて意図的に狭く絞られている。これは河口部の土砂の堆積を抑止し、港湾機能の維持に効果が期待できる反面、洪水時には水位が上昇するデメリットもある。特に内水河川に

なっている支川イタジャイ・ミリン川の浸水被害を助長している。これに加えて、イタジャイ市は近い将来に、現在の水深八メートル岸壁から一二メートル岸壁への港湾施設拡充計画を持っている。現在でも年間一〇〇〇万立方メートルの浚渫を行っており、整備後には今まで以上の土砂堆積の対策が必要になることが予想される。

一方、今回の治水計画にはイタジャイ川下流部でナベガンテス海岸への放水路建設が含まれており、当面洪水流のおよそ三分の一が分流されるようになる。これに伴い、イタジャイ川本川の河口部への土砂供給量も大幅に減ることが期待できるが、シミュレーションまでは行っていない。したがって、当面実施される一〇年確率洪水対応での洪水対策によりイタジャイ川河口部にどのような変化が現れるかのモニタリングが重要になってくる。この知見を将来の五〇年確率洪水対応の実施時の河口部導流堤などの施設設計（または補強）に反映させる必要があろう。

故郷への想い ——ブラジル（サンパウロ・チエテ川流域環境改善事業中間監理）

・大阪橋と赤い大鳥居

大阪橋とその袂《たもと》にある赤い大鳥居。ここはサンパウロの日本人街である。この橋と鳥居は移民の町の象徴といってよいであろう。小さなオマケの橋ではない。この橋の下は掘り割りになっていて、なんと片側五車線もある自動車専用道路になっているのである。この「大阪橋」という名前は、一九六九（昭和四四）年にサンパウロ市と大阪市が姉妹都市を提携した記念に命名されたそうだ。

周囲には日本語が通じる雑貨屋、本屋そして定食屋。下町がそっくり引っ越してきたようだ。それだけに逆に日本への郷愁を強くかき立てる町並みになっている。一軒の店にふらっと入ってみる。店の奥には店番であろうか、年配の日系人と覚しき影がある。中を見て歩く。昔小学校の社会科で習った「よろず屋」だ。日常の生活用品が何でも揃いそうだ。そんな中に音楽ＣＤやテープの棚を見つけた。比較的新しい日本のポップスＣＤとともに、結構古ぼけたパッケージのカセットテープが並んでいる。手に取ってみるとひと昔前に流行った演歌歌手のテープだ。売れるのだろうか？　私はテープを棚に戻して店の外に出た。そして、大阪橋に戻った。

移民としてブラジルに移住し、辛酸を舐めてこられた一世や二世。ブラジル社会に溶け込むために言葉では語り尽くせない苦労があったことと思う。実際にこの地に立つと目頭が熱くなるのを禁じ得ない。

・プロジェクト中間監理

今回の出張目的は、過去に審査を終えて円借款供与が決定して正に今動いているプロジェクトの中間監理である。なぜ中間監理が必要になったかというと、当初計画には含まれていない発電計画を加えたいという要請が届いたからである。「普通の河川改修事業だったはずのプロジェクトに発電事業を加える？　いったいどういうことだ？」。残されていた審査当時の資料を見ても全く事情がわからない。というわけで、現地での確認に赴くことになった。

まずは、サンパウロ中心部を流れるチエテ川本川の施工済み区間の現地視察である。護岸までしっかり出来上がっている。不法投棄などによるゴミもそれほど多くはないし、河床に目立った汚泥の堆積も見られない。プロジェクト審査時点ではゴミや汚泥の堆積が報告されていたが、現状では改善されて大きな問題はなさそうだ。支川のカブス・デ・シマの区間も然《しか》り。いずれの区間も、例えば悪いがフィリピンのようなメンテナンス不足による機能低下は見られない。一安心である。とはいえ水質は明らかに悪い。なぜなら水の色が真っ黒で、透視度はゼロに近いのである。加えて青い空と白い雲が淀んだ水面に反射してくっきりと見えるのだ。水がきれいだとこのように見えることはない。下水道の整備が遅れているのだろうと推察される。

次に、既に運用開始されているチエテ川上流のポンチノーバダムを視察した。フィルタイプのダムは維持管理も含めて問題はなさそうだ。しかも立派なレーダー雨量計が設置されている。案内役の担当者は自分たちの組織の水準の高さを誇示しようとしたのかもしれないが、私はこんな立派な施設を設置・運営できる財政力のある国に対して、本当に援助が必要なのだろうかと逆に疑問を感じてしまった。

ダムで一つ気になったことがある。それは植生による水質浄化のための浮島が設置されていることだ。日本国内の貯水池でもしばしば見ることのできる施設である。担当者の説明では、ダム湖の水質もそれほど良くないので試験的に設置しているとのことであった。結局この流域は上流で既に水質汚染が始まっており、河川の水質改善は一筋縄ではいかないことがわかった。

さて、問題の発電事業である。今回の訪問にあたり事前に否定的な見解を示したレターを送っておいたこともあってなのか、協議の場で発電事業の追加を求めてこない。こちらから話を向けると、今回の要請は内部調整の結果で撤回することにしたという。拍子抜けである。よくよく事情を聞くと、行政改革により複雑化した組織変更に伴う問題も絡んでいることがわかってきた。しかし、発電所の設置を想定している場所が、チエテ川の治水事業区間の更に下流にあるピラポーラダムと聞いて、やめて正解だと思った。というのも、ダムの上流側河川の水質は既にお話ししたとおりである。発電設備を設置しても腐食により長持ちしないことが容易に想像できるからである。

チエテ川はパラナ川の支川で、サンパウロの中心部を南東から北西方向に向かって貫流している。そのパラナ川もラプラタ川の支川で、この支川だけで流域面積はおよそ二六〇万平方キロメートルもある。ラプラタ川は流域面積三一〇万平方キロメートルの世界第五位の大河川であり、パラグアイ全土、ボリビア南東部、ウルグアイの大部分、ブラジル、およびアルゼンチンのかなりの部分を含んでいる大河川である。流域には瀑布で有名なイグアスの滝もある。

このプロジェクトにも後日談がある。後に二〇〇四（平成一六）年九月、小泉首相（当時）がサンパウロを訪問した際に、このプロジェクトの現地視察を行い、円借款による優良案件として報道されたのである。その様子がテレビで放映され、それを見ていた私は思わずにんまりしたのであった。

・パスポート（マイアミ空港にて）

南米出張の帰りはいつもマイアミ、サンフランシスコ経由と決めていた。三度目の南米出張となった今回も同じである。

唐突であるが、皆さんは自分が日本国籍を持っていることをどのように理解しているだろうか。私は率直に言って非常に感謝している。それは、南米便が多数到着するマイアミ空港での体験からである。

初めてのマイアミ空港。私は日本へ帰国するためにサンフランシスコ空港への接続便に乗り継ぐだけである。搭乗時に預けたトランクも早く受け取りに行かないと盗まれはしないかと気が気でなく、気持ちは焦るばかりであった。しかし、入国審査の列がなかなか動かない。南米からの入国審査はかなり念入りに行われるのである。成田からサンフランシスコに遊びに来るのとは訳が違うのだ。よく見ていると入国できずにそのまま送還される人もいるようだ。いよいよ私の番。二〇秒くらい待ったであろうか。入国審査官は無言でパスポートを返してくれた。その時、私は生まれて初めて日本国民であることに感謝したのであった。

そして三度目のマイアミ空港。南半球最大の都市、サンパウロからの帰国の途であった。アメリカン航空機の整備不良でサンパウロからの出発が一〇時間遅れでの到着だった。いつものように入国審査は長蛇の列で、審査官は若い女性だ。いよいよ私の番だ。ちょうどその時、審査官交代の時間になり、交代要員は若い男性だ。私は接続便とトランクのことを思い焦っている。サンパウロ空港での足止めで疲れも溜まっている。このような状況で、こともあろうに交代要員のお兄ちゃんが女性審査官とチャットを始めた。しかも終わる気配がない！　しばらく辛抱したものの、たまりかねて私は「接続便があるので早くパスポートをチェックして欲しい」と発言した。楽しいひと時を邪魔されたこのお兄ちゃんは、なんとも理不尽な行動に出た。私を特別審査室に連れて行くように警備の係官に命じたのだ。私は不審人物として連行されることになってしまったのである。過去二回の経験から日本のパスポートのステータスを知っていたので、入国審査を甘く見過ぎたかもしれない。しかし、ここで逆らっても仕方がなく、係官について行くだけである。特別審査室に入るとラテンアメリカンと覚しき数人の黒人や白人が落ち着かぬ風情で腰掛けている。私もパスポートを取り上げられ待つこと約一〇分。犯罪歴が出てくるわけがない！　私は再びサンフランシスコに向かう空の人となった。今となっては懐かしい国籍と国境を実感したお話である。

プロジェクトの概要

事業名 チエテ川流域環境改善事業

実施機関 サンパウロ州水資源局水・電力部

事業目的

本事業は、サンパウロ都市圏の中心を貫流するチエテ川および同川の支川であるカブス・デ・シマ川の河川改修工事を実施することで、同都市圏の治水安全度の向上を図るとともに、チエテ川上流域に建設されるダム群により、同都市圏の水需給ギャップの改善および河川環境の改善を図ることを目的とする。

事業地域の特徴

サンパウロ都市圏は、南半球最大の都市サンパウロを擁する人口一七〇〇万人の都市圏で、ブラジル経済の中心地であり、工業生産額の約半分を生産するブラジル国にとって非常に重要な地域である。事業対象地域は標高七〇〇～九〇〇メートルのパウリスタ台地に位置し、平均年間降水量は約一五〇〇ミリメートルで、雨期にあたる一一月から二月にその半分が降る。

河川改修事業を実施するチエテ川はパラナ川の支川で、サンパウロ都市圏を二分するように流れている。治水面では急激な都市化の進展に伴い毎年のように洪水が発生し、氾濫水により河川沿いの国道が遮断されるが、両岸を高速道路で挟まれており、川幅を広げることが事実上不可能である。またカブス・デ・シマ川はチエテ川の支川であるが、こちらは両岸に工場や住宅(スラム)が張り付いており、同様に川幅を広げることが事実上不可能になっている。また、両河川共にゴミの不法投棄や未処理の下水の流入により河川の水質および河川環境が劣悪になっている。一方、利水面ではサンパウロ都市圏への人口集中や産業の発達に伴い新たな水源の確保も喫緊の課題になっている。

事業全体計画

治水面では、治水安全度を一〇〇分の一に向上させるべく、チエテ川および支川のカブス・デ・シマ川の河川改修を行うものであるが、前述のとおり河道の拡幅が困難であることから、掘削と上流ダム群での洪水調節が採用されている。

また利水面では、上記のような水需給ギャップを改善するために、一九六八年以降、サンパウロ都市圏水資源総合利用マスタープランを策定し、これに基づき一九七二年から上流部に三カ所の治水と利水を目的とした多目的ダムを建設してきており、今回のダム建設および導水事業もこのマスタープランに基づくものである。ビリチバダムおよびパライチンガダムにより新たに日当たり四二万一〇〇〇立方メートルが供給可能になるが、更なる需要に対応するためにチエテ川の流域外に今後もイタチンガダム、イタパニャウダムの建設が予定されている。

今回融資対象部分

・河川改修

チエテ川下流部

河道掘削　　　延長　一万六五四〇メートル

橋梁　撤去　一橋、新設　二七五万七〇〇〇立方メートル

カブス・デ・シマ川　一橋、補強　一橋

河道掘削　　　延長　一万五三〇メートル

築堤　　　　　一一四万四〇〇〇立方メートル

橋梁　新設　八橋、補強　四〇六〇メートル

　　　　　　　六橋

・ダム建設

ビリチバダム　堤高　三一・〇メートル
有効貯水量　七八〇〇万立方メートル
パライチンガダム　堤高　二七・〇メートル
有効貯水量　五〇〇〇万立方メートル

・連絡水路
チエテ～ビリチバ間　延長　三二〇〇メートル、ポンプ場　一カ所
ビリチバ～ジュンジャイ間　延長　三〇六五メートル（内トンネル部　七五〇メートル）

事業費

総事業費：八二三億七九〇〇万円
融資対象：四九四億二七〇〇万円
基準年月：一九九二年四月

参考情報

・ダムの設計基準
ダムについては既に複数が国内で建設されているが、ブラジル国独自の設計基準はなく、米国開拓局基準を使用している。

今後の課題

・連絡水路の設計変更
チエテ～ビリチバ間の連絡水路は、現設計ではポンプアップを必要としているが、メンテナンスコストを下げるために、今後自然流下方式への変更可能性について詳細検討を行うこととした。

ミッション・インポッシブル――ペルー（首都リマ・首都圏上水供給強化導水事業）

への出張である。

・花占い

「行く、行かない、行く、……」。デートに行くか行かないかを悩んでいるわけではない。ペルー

「えっ！　本当に行くの？　だって、まだ大使公邸から人質が救出されてないじゃん！」ペルーでの審査案件を持っているミッション参加予定者一同、大いに驚いた。一九九六（平成八）年一二月、トゥパク・アマルにより引き起こされた駐ペルー日本大使公邸占拠事件により、その直前にペルーへのミッション派遣は中止と政府から通知されていたのである。しかし、その後、再び動きがあったようだ。真偽のほどは定かではないが、事件発生下にカナダのトロントで橋本首相（当時）とフジモリ大統領（当時）が会談した際に、「円借款のミッション派遣をよろしく」と頼まれたそうである。

かくして、OECF海外出張の締めくくりは、なんと大使公邸占拠下のペルーへの隠密ミッションとあいなったのであった。

・事前情報

テロ組織として日本でもよく知られているのはセンデロ・ルミノソ。しかし、今回事件を起こ

しているのはトゥパク・アマル。借款対象案件の現場はアンデス山脈の中である。センデロ・ルミノソの拠点から一〇〇キロメートルばかりと聞いている。現地は標高四七〇〇メートル程度の地点にある。陸路は途中の襲撃も含めて危険であった。それならば空路でとなり、ペルー空軍のヘリをチャーターしての視察となった。ただ、日本の危機管理会社からの事前の情報では、センデロ・ルミノソはスティンガーミサイル（米製地対空ミサイル）を所有しているとのことだったので、視察の情報が漏れれば撃墜されるリスクも十分あったのだ。

空軍ヘリ（UH-1）で視察に向かう

・現地視察

現地視察の当日、待てど暮らせど空軍ヘリが来ない！　機体のトラブルか？　でもカウンターパートは涼しい顔をしている。これくらいの遅れは当たり前なのかもしれないと気を取り直した。さらにしばらく待っていると、迷装を施したＵＨ－１がやっと飛んできた。米海兵隊の出てくる映画でよく見るヘリだった。外観からは結構年季が入っている様子で、機内を覗くと一応シートベルト付きの座席が取り付けられている。そして、驚きと言うべきか、当たり前と言うべきか、機関銃座があり実際に機関銃がセットされ、狙撃手も同乗している。みんなで乗り込み、いざ出撃！

・先住民と「コカイン」

気流による揺れもなく、文字どおり何事もなく、標高四七〇〇メートルの工事予定箇所付近の草原に着陸した。気温は明らかに氷点下だが、太陽の日差しを浴びていると不思議なことに少しも寒くない。ヘリから降りて三歩くらい歩いたところで……、急に身体が……、動かない……、高山病だ。私の高所の過去最高記録は乗鞍岳の三〇二六メートルであり、ここはそれより遙かに高い。地元の子供たちが珍しそうに集まってくるが、彼らは薄い空気の中を走り回っている。日常生活が高地トレーニングなのだ。地元の村の長《おさ》の家に案内され、歓迎の言葉とともにお茶が振る舞われた。コカインの葉を煮出したコカ茶との説明である。この地方ではコカ茶は滋養強壮薬として普通に飲まれているとのことで、これが高山病にも効くという。村の長と紹介された年配の老人に勧められて飲んでみた。特段変わった味がするわけでもない。日本国内なら手が後ろに回るのだろうが、現地では日常生活。お茶として飲む程度なら中毒になることなどないのであろう。また一つ珍しい貴重な経験が増えた。

・アンデス山脈とAK-47

現地には氷河によって自然に造られたモレーンをそのまま利用した天然の貯水池がある。三省堂の大辞林によると、モレーンとは氷河が運搬した岩塊や土砂からなる堤防状の地形のこととある。この貯水池はアマゾン川の上流域にあたる。にもかかわらず遠くには雪を被った六〇〇〇メートル級のアンデスの山々が見える。これから実施しようとしているプロジェクトは、ここから導水トンネルを通じて、年間降水量が一〇〇ミリメートルの砂漠のような都市リマに水を送ろうというものだ。大自然に囲まれて、気持ちは少々高ぶっている。

そこにペルー軍兵士の歩哨が見回りにやってくる。以前訪問したエクアドルと同じである。当然ながら自動小銃を手にしている。見せてもらうとAK‐47（通称カラシニコフ）。だが本物ではなく、撃鉄が木製の北朝鮮製のコピー製品であるとのことだった。弾倉をはずしたうえで持たせてもらったが、それでもかなり重かった。こんな重たいものを持って歩兵は走り回れるよう訓練しているのかと、妙に感心してしまった。

ヘリコプターと自動小銃しか見ていないが、大自然に囲まれた中でアメリカとソ連の兵器が入り混じっている現実に、大国の複雑な力学関係を垣間見た気がした。

・国家警察

駐ペルー日本大使公邸が占拠されたままの状況が続いていたので、審査チームも通常なら一団でまとまって渡航するところを、少しずつ時期をずらして派遣されることになった。理由は目立たないようにするためである。加えて服装も目立たないようにラフな格好でとの指示もあった。

これには日本からのマスメディアに気づかれないようにする意味もあったようである。さらに現地では、安全確保のために国家警察二名の警護付きで毎日実施機関までの送迎をしてもらうことになった。彼らは最初は非常にリラックスしており、仕事だから仕方がないという雰囲気であったが、警護期間中一日だけはピリピリしていることがこちらにも伝わってきた。というのも、普段は着衣の下に隠していた拳銃を、その日は即座に応戦できるよう車前列のベンチシートの隙間に挟み込んでいたのである。何が起きるのだろうかと、我々も緊張した一日となった（結局、何も起きなかったが）。

翌日、ＯＥＣＦリマ駐在事務所の職員から、昨日は反政府ゲリラの活動情報が入っていたことを聞かされた。二週間の滞在期間中は彼らの世話になり、何事もなく無事に過ごすことができた。身辺警護をしてもらうことなど、人生で後にも先にもこれ一回きりであることは間違いない。また一つ珍しい経験が増えた。

・郷に入っては郷に従え

時計の針は午後二時を回っているのに、昼休憩から帰ってこない………。ここはシエスタの国（ペルーの旧宗主国はスペイン）であることは知ってはいたのだが……。はるばる日本から援助のために来た人間を待たせることはないだろうと思っていた。信じられないが、これが現実であった。彼らから見れば日本人は働き過ぎなのだろう。援助慣れしている国なら、日本人の行動パターンがわかっているので、宗教上の理由がない限り渋々ながらも合わせてくれるのだが、ラテン系の国では大なり小なり同じことを経験する。

しかし、よく考えてみるとシエスタは合理的な習慣でもある。暑い時間帯は休息し、涼しくなってから仕事をするのである。したがって当然夕食も遅い。我々がレストランで食事を始める七時頃には店内はガラガラで、食事を終えて帰る九時頃になってようやくお店に賑わいが訪れるのである。

近年、日本でも猛暑の夏が続いている。サマータイムは日本でも一九四八（昭和二三）年から四年ほど導入されたことがある。一度は失敗したが、サマータイムの導入に再度挑戦してみる価値もあるのではないだろうかと思うのであった。

プロジェクトの概要

事業名 首都圏上水供給強化導水事業（マルカⅡ）

実施機関 ?

事業目的 ?

事業地域の特徴

？

事業全体計画

？

今回融資対象部分

？

事業費

？

参考情報

？

今後の課題

？

・スパイ大作戦

不思議なことに、なぜか自分が書いたはずの資料が手元に全くない！　したがって、ご覧のとおり【プロジェクト概要】が事業名以外はすべて？印である。加えて、このプロジェクトはフジモリ政権が倒れたために実行に移されることなく、早い時期に中止の憂き目にあっている。政権が変わるというのは、こういうことなのかと思い知らされた。

「このテープは自動的に消滅する」。資料が消え、中止されてしまったこのプロジェクトは正にスパイ大作戦、ミッション・インポッシブルになったのであった。読者の皆さんごめんなさい。

第八章
番外編

地球温暖化対策の先進国 ―― オランダ（ナイメーヘン・ハスコーニング社）

・干拓の国

「世界は神が造ったが、オランダはオランダ人が造った」。オランダは干拓で出来上がった国であると、小学校の社会の時間に教わったような気がする。もう四〇年も前のことである。現在でも国土の四分の一が海面下にあるのだが、当時においても防災施設はかなり整備されていたと想像できる。しかし今回の訪蘭で、災害からの安全度を高める努力が未だに続いていることを知った。ロッテルダム近郊のマエスラント可動堰である。この水門は一九五三（昭和二八）年の北海沿岸大洪水を契機に造られた「デルタプラン」に位置付けられた巨大な構造物である。「デルタプ

マエスラント可動堰［出典:Rijkswaterstaatウェブサイト］

ラン」とは、北海から押し寄せる高潮から国土を防御するために、海岸堤防の整備は当然としても、河川堤防はマース川の上流に向かって延々と嵩上げをするのではなく、河口部付近に防潮水門を設置してこれを防ごうというものである。堰は一九九七（平成九）年に完成しているが、私が訪問した一九九五（平成七）年四月時点ではまだ建設中であった。

マース川の河口部を川幅三六〇メートルまで狭め、左右岸対称に一基ずつ内角四五度強の扇形の水門を設置し、普段は陸上に置いている。高潮時にはこの水門を左右から送り出して川を閉塞するのである。その時の動きが独創的である。扇の要である扇頂を中心に回転させて水門を水中に送り出すのである。このマエスラント可動堰の完成で、オランダの当面の治水計画「デルタプラン」は完了したのである。

・新デルタプラン

マエスラント可動堰の完成で、オランダの治水対策もひとまずお休みかと思ったら大間違い！二〇一〇（平成二二）年六月二日。朝日新聞社主催の「朝日地球環境フォーラム二〇一〇」のイベントの一環として講演会が開催され、そこでオランダの次期治水計画の存在を知った。その講演会には、プレゼンターの一人として、オランダ政府の水政策を支える水資源諮問委員会の事務局長を務められているコーズ・ウィーリックス氏が参加されていた。氏は、水問題の解決に向けて積極的な活動を続けておられるオランダのアレキサンダー皇太子の顧問も務められているそうだ。

さて、オランダの次期治水計画はどんなものなのであろうか。簡単に説明すると、まず地球温暖化に伴い、今後一〇〇年間に起こりうると考えられる事柄をすべて洗い出したうえで、上昇するであろう海水面の高さを一・二メートルとしている。そしてこの高さを前提とした備えを「新デルタプラン」としてとりまとめている。加えて対策に必要な基金の積み立ても開始しているというものである。

オランダは、世界各国が二酸化炭素排出削減量をそれぞれの思惑の中で議論している最中に、それが実現するか否かに関係なく最悪の事態に備えて行動を起こしているのである。国民の生命と財産の安全確保に、国家としての責任を果たすことを明確に示す素晴らしい見識といえよう。確かにオランダにとっては国土の大半が海水面下にあり、温暖化に伴う海面上昇は国家の存亡がかかった最大の課題である。その中で国民が国を信頼し、国が立案する治水政策を支持するという状況下にあるとのことである。日本にも、東京、大阪、伊勢の三つの湾や岡山の児島湾等に広大なゼロメートル地帯がある。しかもそこは人口と資産が集積している地域である。こちらの対策も待ったなしとは考えられないものだろうか。

ところで、皆さんは日本の二酸化炭素排出量が世界の排出量に占める割合をご存知でしょうか。

マエスラント可動堰の模型

実はわずか四％しかないのである。それを二五％削減しても全体の一％の削減にしかならない。つまりわが国の二酸化炭素削減努力は、海面上昇抑制に対して工学的に考えると誤差の範囲、つまり無視しうる量でしかないのだ。もちろん私は世界各国とともに日本が国を挙げて二酸化炭素排出削減に取り組むことは否定しない。しかし、地球温暖化の原因物質と見なされているものを削減するからといって、海面上昇に対する備えを怠ることはあってはならないと思うのである。ここでさらに付け加えるならば、わが国には世界の地震エネルギーの二〇％強、世界の火山の七％強が集中し、急峻な地形と脆弱な地質そして沖積平野に人口や資産が集中するという自然的・社会的な特性を有している。その中で社会資本整備の手を休めているような暇は本来ないはずなのである。しかし残念ながら、現実は非常に厳しい状況に置かれていると言わざるを得ない。

・ロイヤル・ハスコーニング社

バングラデシュのジャムナ多目的橋建設事業のマイルストーン・ミーティングは、プロジェクトを施工監督する会社としてジャムナ多目的橋建設公団に雇用されているＮＥＤＥＣＯ社で開催されるものと思っていた。ところが、到着したのはロイヤル・ハスコーニング社であった。あれっ？　ＮＥＤＥＣＯ社じゃないの？　社名が違う。この謎は後ほどコラムで解き明かそう。

ハスコーニング社は、オランダ中部のドイツと国境を接するナイメーヘンという都市にあるが、周囲を林に囲まれ、ライン川を眼下に見下ろすなだらかな丘の上に位置している。エンジニアは全員個室を与えられているそうだ。素晴らしいアイデアが涌き出しそうな職場環境である。国土交通省の執務環境を考えると自虐的な気分に陥りそうになった。

ジャムナ橋の模型

・デルフト名所

デルフトと聞くと、一般の方々は焼き物を思い浮かべるかもしれない。日本人の間でもドイツで有名なマイセンと並んでデルフト焼がよく知られている。特にコバルト色の絵付けに特色があるそうだ。

しかし、水関係の仕事をしている技術者にとっては、デルフト工科大学の水理研究所の方が有名である。ハスコーニング社の手配により、このたびの訪蘭に際して水理模型実験棟を見学する機会に恵まれた。実はジャムナ多目的橋梁建設事業には模型実験が不可欠であったのである。というのも、毎年氾濫を繰り返す不安定なジャムナ川の河道を安定させるには橋の基礎を守るガイドバンクが必要で、その設計には模型実験が欠かせない。既にプロジェクトのための実験は終わっていたが、そのまま残されていた模型を見学することができた。また、同様に、既にお話ししたデルタ計画最後の構造物であるマエスラント可動堰の模型も見学することができた。

NEDECO社とロイヤル・ハスコーニング社

NEDECO社とロイヤル・ハスコーニング社はどのような関係があるのかと疑問に思われるでしょう。NEDECO社はオランダのリーディングコンサルタント会社九社で構成する組合で、ロイヤル・ハスコーニング社は組合を構成する一企業なのです。なぜ組合を作るのでしょうか。それは世界中から仕事を受注しやすくするために、会社の規模や能力を大きく見せる手法といってよいでしょう。首尾良く仕事を受注したら、その後は組合内で特にその分野に得意な会社が仕事を履行する仕組みなのです。

では、次に彼らはなぜオランダから遠く離れたバングラデシュの仕事をしているのでしょうか。オランダに限らず、欧米の企業は社会資本整備が進み自国のマーケットが小さくなってきています。一方、アジア、アフリカ、南米などでは社会資本整備が遅れていて、建設コンサルタントの需要がまだまだ高いのです。いや、むしろこれからといってもよいと思います。つまり、まだ大きなマーケットが残っている世界各地から仕事を獲得しようと進出しているのです。

小さな企業でも異分野が組むことでWin-Winの関係を生み出すことができる素晴らしい発想です。日本の中小企業も、国内、海外の厳しい競争市場を生き残るために参考にすべき知恵だと思います。

アキレス腱は水？ ——中国（武漢・国際シンポジウム）

・中国の水問題

中国は、私のＯＥＣＦ在職時代にもインドネシア、インドと並ぶ円借款供与の常連国であったことは既にお話しした。実際に水環境改善や下水道の案件も手がけたが、残念ながら現地に行っての仕事の機会には恵まれなかった。しかし、二〇〇四（平成一六）年に偶然訪中の機会を得た。きっかけは二〇〇〇（平成一二）年頃、長野県のダムの工事事務所で事務所長をしていたときにさかのぼる。工事事務所と地元信州大学そして地元中堅建設会社の吉川建設の三者が共同して、ダム貯水池に堆積する土砂を排出する技術の開発を目指して、最終的に特許取得に至ったのである。この特許は日本に留まらず中国でも申請していた。これを中国武漢で開催される国際シンポジウムで共同発表しようということになり、既に私は工事事務所から異動はしていたが、信州大学工学部機械システム工学科の土屋良明先生から声をかけていただいたのである。

学会前日、成田空港から北京首都空港を経由して学会開催地の武漢空港に降り立った。そして学会が開催される武漢大学まで迎えの車で移動してゲストハウスにチェックインした。その際に手渡された発表論文集の目次にさっと目を通して気がついたことがある。かなりの数の論文が、北京や上海等の大都市の地下水問題を扱ったものなのである。それも地下水汚染に関する論文が多い。これは中国の多くの都市がいかに表流水つまり河川水が不足して地下水に頼っているか、そしてその地下水も多くの問題を抱えているかを示しているのだと理解した。実際に国土交通省からＪＩＣＡ経由で中国に派遣されている竹島氏の報告によると、二〇一〇（平成二二）年五月の中国水利部水資源司発表の資料からも、二〇〇八（平成二〇）年時点で年間水利用の一八・三％に当たる一〇七〇億立方メートルを地下水に頼っていることがわかる。そして小学校で習った四文字熟語の一つに「南水北調」があったことを思い出す。そもそも「南水北調」は一九五二（昭和二七）年一〇月に当時の毛沢東主席が発表した構想だそうだ。それが五〇年の時を経て二〇〇二（平成一四）年に着工宣言がなされ、今まさに動いている巨大プロジェクトである。南方の長江（揚子江）の豊富な水を、降水量が少ない一方

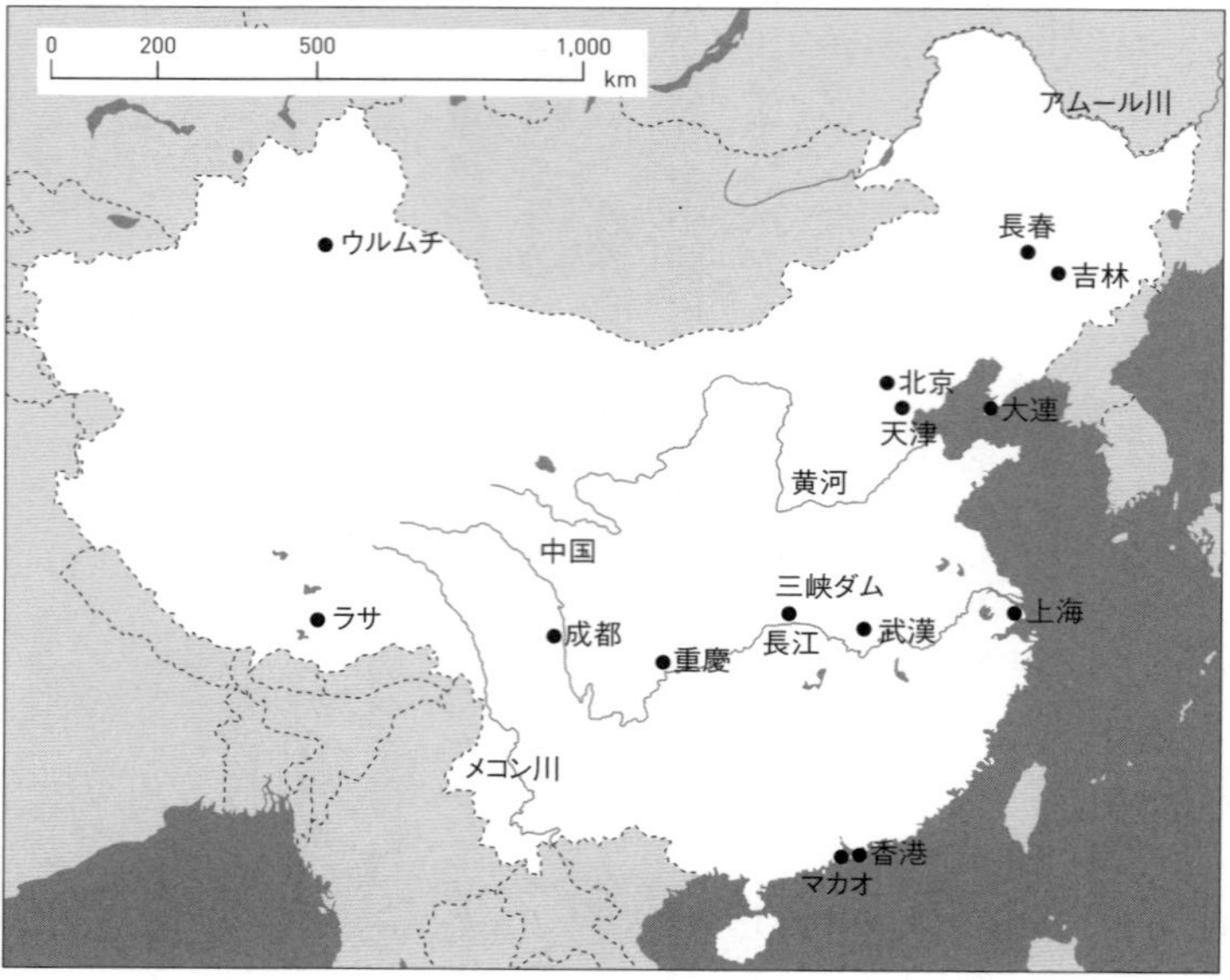

で人口が多く慢性的な水不足に陥っている北方つまり北京に送るプロジェクトである。これだけ地下水が研究対象になっているのなら、中国国内で「南水北調」に対する期待がいかに大きいものであるかは想像に難くない。

しかし、南水北調プロジェクトにも弱点がありそうだ。新聞によると二〇〇九(平成二一)年から二〇一〇(平成二二)年にかけて、相対的に降水量の多い長江の中流域で半年間雨が降らず大規模な渇水が発生しているのだ。八〇年ぶりの渇水だという。このプロジェクトの完成により、北京の水問題が一気に解消へと向かうのか、決して予断を許さない状況だろう。

中国は二〇〇八(平成二〇)年のリーマンショック以降も、政府の打ち出す様々な景気対策もあって、順調に経済成長が続いているかのように見える。しかし、その実、人口の急増や所得の増加に伴う生活水準の向上などで、資源輸出国から輸入国に転落しつつある。既に石炭や大豆の純輸入国になっている。そして次に不足するのは水だというところは衆目の一致するところだろうと思う。実は既にカナダから三〇年契約で年間六九〇〇万立方メートルもの大量のミネラルウォーター、それも氷河水を輸入する契約を締結しているそうである。この量がどの程度のものであるか。日本のミネラルウォーター輸入量と比較してみよう。日本ミネラルウォーター協会によると日本の輸入量は二〇〇九(平成二一)年に四二万立方メートルである。なんと一六四倍に相当する。考えてみると中国は世界人口の約二割に当たる一三億五〇〇〇万人の人口を擁する。これに対して使える水資源は地球上の六%しか持っていないのである。水が中国のアキレス腱になる。そし

三峡ダム［出典：株式会社大紀元ウェブサイト］

てこれが全地球規模で起きている気候変動と一体となり、天然資源や食料の争奪という形で日本にも大きな影響を及ぼすことになるのは、かなり高い確率であろうと思われる。

参考文献

・モード・バーロウら『「水」戦争の世紀』二〇〇三年
・柴田明夫『生きるために一番大切な「食」の話』講談社、二〇〇九年
・日本経済新聞（二〇一〇年六月二三日朝刊 三一面）「ゼミナール 水ビジネスの将来⑯」

・北京首都空港と三峡ダム

北京首都空港は新しくて非常にきれいである。そして警備が非常に手薄である。人民解放軍の物々しい警備を予想していただけに肩透かしを食った感じである。中国で初めて行われるオリンピックの前でもあったので、それだけ治安維持に自信があることの現れとも理解できる。しかし、きれいさと手薄な警備には訳があるようだ。しかも円借款が絡む。

現在の北京首都空港のターミナル改修には円借款が活用されていたのだ。皆さんはまずここで最初のビックリだろう。この空港は三八〇〇メートル滑走路二本と三二〇〇メートル滑走路一本

を有している。成田空港は四〇〇〇メートルと二五〇〇メートルの二本に過ぎないというのに。次に日本のODA規定では民営化を前提としている組織には円借款を供与しないとされているが、事業終了直後の二〇〇〇（平成一二）年に民営化されたのだ。日本政府は事前に情報をつかむことすらできなかったのだろうか。お粗末と言えばその通りである。ここで二度目のビックリだろう。オリンピックで資金需要が旺盛な中でうまく日本の円借款を利用したのである。中国はしたたかである。

戦後賠償の意味も込めて中国に対する円借款供与は二〇〇七（平成一九）年まで続いていたが、実は中国自身も国益を重視して、周辺の東南アジア諸国にとどまらずアフリカなどの資源国に対して「元借款」を供与している。新聞によると一九九八－二〇〇三年の六年間に、アフリカ諸国や中米などに支出した対外援助額が計二七一億元（四二五〇億円相当）に上るそうだ。その一方で中国は二十四年間で計三兆三〇〇〇億円の日本からの政府開発援助（ODA）を受け入れている。今更ながらの話であるが、巨額の援助を受けている国が一方で活発なODA外交を展開している実態があるのである。国内外の資金需要を玉突きでカバーするしたたかさの現れである。個人的にはそのような国に援助は不要と考えている。ただし、中国大陸発の汚染物質削減は別である。水にも空気にも国境はない。不法投棄と思われる産業廃棄物が日本海沿岸に漂着し、毎年黄砂が飛来することに思いを巡らせば、水質改善、大気浄化、植林などの環境改善につながる案件に対する政府開発援助は、日本の国益に正しく適うものであり、むしろ積極的に対応すべきと考える。

これが国家戦略というレベルの思考である。

その意味で環境問題を理由に日本人が三峡ダムに反対するなどは、木を見て森を見ない議論だと言わざるを得ない。中国の化石燃料の大量消費が日本に及ぼす影響とのバランスの中で考えるべきである。三峡ダムによる発電で中国の電力需要の約一割を賄えるという。もちろん、黄河の断流やダム湖の堆砂を上回るマイナスの影響が日本に及ぶなら話は別であるが、寡聞にしてそのような話を耳にしたことがない。

中国のしたたかさをもう一つ紹介しておこう。下水道のプロジェクトでの話である。下水道の水処理装置は特許も絡み高額な商品である。この特許も絡む製品を一度しか買わないのだと言う。二度目以降はどうするのか。一度買ったら分解し、若干手を加えて今度は自分で開発したと称して中国ブランドで安く作り始めるのである。「新幹線」がまさにこの問題に直面している。今やフランス、ドイツだけでなく、日本の新幹線を輸入したはずの中国までもが、世界の高速鉄道売り込みのライバルになっているのである。こんなところにも中国の国家戦略が見えてくるのである。

今後、水、大気等に関わる環境ビジネスが世界的に急成長するであろう。日本もこの分野の政府間援助はもちろん、商業ベースも絡めた国家戦略を速やかに立てることが急務である。例えば政府間援助で供与した二酸化炭素排出削減技術により削減できた分の排出量を、相手国と折半する等の協定を結び、その妥当性を国際会議の場で主張することは有意義である。間違っても、二酸化炭素排出権枠取得のために国富を国外に持ち出すことのないようにしなくてはならないと思うのである。

第九章
援助の世界で見えてきたこと

政府の関与

二〇一〇（平成二二）年一月。インドネシアを訪問した直嶋経済産業大臣に日本経団連が同行しました。「円借款」では非常に馴染みが深く、かつ優等生であるインドネシア。成長のためには更なる社会資本整備が必要であるという話で両国政府が一致したと報道されていました。私の知る限りでは、政府と多数の民間企業が共同で市場開拓に取り組む初めてのケースです。とてもすばらしい出来事です。これまで日本企業は海外の仕事を受注するために孤軍奮闘してきました。大使館も少なくとも表向きほとんど関与しないのが実情です。これまでの通例を打破し、とうとう一線を越えたのです。ただ少し残念なのが、インフラ整備の話題なのに国土交通省や建設業関係者の影が薄かったことです。その後も、新幹線、原子力発電、水ビジネスなどの国際競争入札に日本政府が積極的に関与しようという姿勢が明確になってきており、日本もようやく欧米諸国のように振る舞う「普通の国」になってきたと嬉しく思っています。

しかし、ひと昔前は「普通の国」ではなかったのです。一例としてチュニジアの水資源開発、およびそれに関連するプロジェクトに協調融資を行っていたドイツの援助機関でのお話を紹介しましょう。ドイツにも借款を扱う日本のＯＥＣＦと同様の政府援助機関であるＫｆＷがあります。ダム建設に伴う環境問題を討議するため、その本部を一九九六（平成八）年一月に訪れたのでした。会議は和やかに終わり、雑談をしていたのですが、そこでわが耳を疑う話を聞いたのです。私は何気なく単なる興味から、「なぜ、ドイツから遠く離れた中国やインドに援助するのですか？」と質問しました。すると彼は怪訝そうな顔をして「中国やインドは、わが国のマーケットです」と答えてくれました。

私は愕然としました。世界の援助機関はこんなセンスで援助の仕事に取り組んでいるんだ！少なくとも当時の日本の援助に関わる機関、そして国民やメディアには、この感覚は全くなかったと言ってよいと思います。仮にあったとしても公言するのは憚《はばか》られるといった状況でした。援助といえば「人道主義」というステレオタイプのイメージしかなかったのではないでしょうか。だから外国からタイド援助を「紐付き援助」と非難されれば、国内メディアもその片棒を担ぎ、アンタイド援助でないのはけしからんという話になっていたのです。しかし客観的に考えてみると、諸外国は日本からの巨額の資金を狙っていたに過ぎないのです。紐の切れた凧となった日本の資金は、欧米の草刈り場に差し出されたのです。当然日本企業の受注率は下がり、ただでさえ「顔の見えない援助」と揶揄されていた日本のプレゼンスが、さらに低下していったことは言うまでもありません。

また、私自身は直接の経験はありませんが、同僚からこんな話を聞きました。ある被援助国で公正であるはずの政府発注の国際一般競争入札の落札決定が、公表後に覆ったのです。表向きの理由はともかく、どこからか横槍が入ったことは明らかです。外国企業や政府はしたたかなのです。逆に日本はお人好しが過ぎると言ってもよいと思います。

あまり意味のない過剰な正義感を振りかざして、大局を見れば国益を損なっていることがあるのだということを、日本国民全体が認識すべきだと思います。ただし、行動はスマートにしなくてはなりません。日本人には、方針が定まると辺り構わず突進し、第三者からはどう見えるのか、という冷静な判断をしにくくなる性質があるように思います。クールな振る舞いが肝要です。

最近は、政府間協力が大規模プロジェクトの受注のための取引材料に使われるようになりつつありますが、これがメディアでも好意的に取り扱われています。その一方では、付け焼き刃で実効性が乏しいと懐疑的な論評も見受けられます。しかしいずれにせよ、これらの取り組みは、ひと昔前なら「紐付き」とメディアから攻撃される材料でした。時代が変わったのでしょうか。それともそれほど日本の経済状況が悪くて、背に腹は変えられない状況だというのでしょうか。全く正反対ともいえる極端な変わり様は、私には釈然としないところではありますが、ここは素直に喜ぶことにしましょう。そうです。日の丸のプレゼンスの向上を喜ばない国民などいないのです。

同時代を生きる

一九九五(平成七)年四月からの二年間で延べ二四一日、一九回。訪問国一五カ国うち発展途上国は一二カ国。これが私の海外経済協力基金在職時の出張記録です。観光では普通は行かない、あるいは行くべきではない危険度の高い国や地域に、政府開発援助のため足を踏み入れました。内戦の終結に伴う日本大使館再開の直後で、まだ市街戦や艦砲射撃の跡が痛々しいレバノン。大河ガンジスの下流部で国土の五分の一が毎年のように水没するバングラデシュ。大統領府への反政府組織による爆弾テロ未遂で滞在先も被災したスリランカ。反政府ゲリラ組織トゥパク・アマルによる日本大使公邸占拠下に入国し、国家警察の警護を受けたフジモリ政権下のペルー等々。特にペルーではもう一つのゲリラ組織センデロ・ルミノソの地対空ミサイル攻撃を警戒しつつ、空軍ヘリで標高四七〇〇メートルにあるアンデス山脈中腹の分水トンネル建設予定地の調査に出かけたことも紹介したとおりです。

二年間の短い間に駆け巡り、自分の目で見、肌で感じた諸外国は、およそ一つの物差しで単純に測ることなどできないものでした。宗教、人種、貧富、教育環境、自然環境、社会体制等々。多くの人々が与えられた条件を好むと好まざるとにかかわらず、すべて呑み込み明日を信じて、力強くそして粘り強く生きているように思えました。

さて、わが国の現状を振り返ってみましょう。一六分に一人。ここ数年は世界で一〇指に入る自殺者を出す異常事態が続いています。私には近年の様々な社会情勢や規範の急激すぎる変化も、その大きな要因であると思えます。しかし、この変化は日本に限ったことではありません。強く生きること。より良く生きる努力をすること。そして感謝の気持ちを忘れないこと。これらを自ら実践し、次世代に教え伝えていくことこそが大人の務めだと考えます。

「シェンエン(千円)、シェンエン」。写りの悪いお土産用の風景写真を手に持ち、買ってくれと寄ってくる一〇歳にも満たないバリの子供たち。彼らの目は、明日を見つめています。そして私には生き生きと輝いているように見えました。

おわりに

・水は誰のものか？

私の世界の水を巡る旅にお付き合いいただきありがとうございました。有り余り過ぎる水。絶対的に足りない水。改めて水を扱うことの難しさと、水の大切さを感じることに次々と出くわしました。その中でとりわけ強く感じたことは、いったい水は誰のものかということです。人間が生きていく上で、水はなくてはならないものであることは、いまさら言うまでもありません。しかし、世界の六分の一の人々が安全な飲用水を手に入れることができない現実。そして、安全な飲用水を手に入れることができないために、下痢性疾患で命を落とす子供が毎日四〇〇〇人近く（年間で約一五〇万人）もいる現実があります。その一方で、わが国は二〇〇七（平成一九）年時点で国内での水資源利用量八三一億立方メートルに加えて、年間六四〇億立方メートルともいわれる「仮想水」を食料という形で外国から輸入しているに等しいのです。つまり、わが国は必要とする水資源の四割以上を外国に頼っているのです。これが「水余り」といわれるわが国の現実です。

ひと昔前には、わが国では「安全と水はタダ」と思われていました。しかし、安全つまり治安は、家に鍵をかけなくても大丈夫であった時代からすると下がったと感じる人が増えたことは間違いないでしょう。では、水はどうでしょうか。近年はライフスタイルの変化や健康志向の観点から、ペットボトルに入った水がガソリン並の値段でも売れていますが、それでも蛇口をひねればタダ同然の水が手に入ると思われているのではないでしょうか。しかしそんな安心感も、世界規模での水不足の話を知ると、どこかに吹き飛んでしまったのではないでしょうか。

地球上で利用可能な限られたわずかな真水。これを、誰がどのくらい、どのように利用することが適正なのか。さらにもう一歩踏み込んで考えると、利用が許されるのか、といってもよいでしょう。このことを改めて考えてみようという気持ちが、一人でも多くの読者の皆さんに芽生えることを期待します。

参考文献

・WHO/UNICEF : PROGRESS ON SANITA.TION AND DRINKING-WATER, 2010.
・UNICEF : PROGRESS FOR CHILDREN, 2006.9.
・国土交通省「平成二二年度版日本の水資源」二〇一〇年

・わが国観測史上最大マグニチュード九・〇の恐怖

脱稿間近になった二〇一一年三月一一日午後。東北地方の太平洋側沖合を震源とする巨大地震「東北地方太平洋沖地震」が発生しました。発災から二週間後の時点で死者・行方不明者二万六〇〇〇人余を数え、地震直後に発生した津波による浸水面積も、国土地理院の航空写真に基づく分析によると山手線内側面積の約七倍に相当する四四三平方キロメートルに達し、三陸地方でこれまで過去最大級とされていた一八九六(明治二九)年明治三陸沖地震の被害記録を大幅に塗り替える大災害となりました。加えて想定外と言ってよいのか意見の分かれるところでしょうが、東京電力福島第一原子力発電所の事故対応が続いており、このこともあって今回の人的被害がどこまで拡大するのか未に先行きが見えません。

一方、経済的損失額についても既に様々な機関での試算結果が発表され始めました。その中で内閣府は同月二三日、震災の被害額が一六兆円から二五兆円に達すると発表しました。これは約一〇兆円といわれた阪神・淡路大震災を、また米国ニューオリンズを襲ったハリケーンカトリーナによる被害額を遥かに上回っています。つまり二〇世紀以降の自然災害による世界最大の被害額となることが確定したといってよいでしょう。

本書の執筆に取りかかって間もなくの二〇一〇(平成二二)年二月二七日にチリ沖地震が発生し、バングラデシュのお話のページでその被害について触れ、加えてわが国の津波防災教育についても触れました。奇しくもその一年後に、今度はわが国が災害に見舞われました。亡くなられた方の八割以上が溺死との報道もあり、地震そのものより、その後に襲った津波による犠牲者の方が圧倒的に多かったことが窺われます。亡くなられた多くの方々、そして被害に遭われた多くの方々に心よりお見舞い申し上げるとともに、一日も早い復興を祈念して筆を擱きたいと思います。

謝辞

ＯＥＣＦでの勤務をしている最中から、いつかはこの自分の貴重な体験を本にしたいと考えるようになっていました。でもそれは建設省（現国土交通省）をリタイアした後のこと。新婚時代を楽しく過ごした南信州で南アルプスを眺めながら、などと漠然と考えていました。それがある事情で許されなくなったのです。というのは、二〇〇九年一一月に自分が病に冒され、あとどのくらい生きられるか全く先の見えない状況に陥ったからです。

しかし、いざ文章を書き始めてみると、残しておいたつもりの資料を紛失していたり、記憶があやふやになっていたりの続出で、国土交通省の河村賢二氏、古本一司氏、日本工営株式会社の廣瀬典昭氏、有賀直記氏、中央開発株式会社の上田茂氏ほか多くの方々のお力をお借りすることになりました。この場を借りて厚く御礼申し上げます。

二〇一一年秋

浦上将人

1995.4.9-4.22（14）	Indonesia/Lower Solo　審査　Out JAL725　In JAL726
1995.4.25-5.1（7）	Bangladesh/Jamna Bridge　Mile Stone Meeting（Netherland）Out JAL411　In JAL412
1995.5.10-5.23（14）	Indonesia/Padang　審査　Out JAL725　5.11 To Padang　In JAL726
1995.5.29-6.7（10）	Philippine/Aguno Riv.　審査
1995.7.8-7.14（7）	Lebanon/Saida　F/F　往路Wien経由
1995.7.24-8.7（15）	Ecuador/Chone-Port　審査　帰路SFO経由
1995.8.27-9.2（7）	Philippine/Pinatubo　F/F
1995.10.4-10.10（17）	Bangladesh/Jamna　中間監理
1995-10.10-10.20（-）	Lebanon/Saida　審査
1995.10.25-11.1（11）	Indonesia/Bali　F/F
1995.11.1-11.4（-）	Philippine/Pinatubo　F/F
1995.12.2-12.19（18）	Brazil/Itajai Riv.　審査　帰路SFO経由
1996.1.28-2.9（13）	Sri Lanka/Colombo　審査
1996.3.31-4.13（31）	Indonesia/Wonorejo Dam　審査　Out GA873　In GA872
1996.4.14-4.28（-）	Indonesia/Bali Beach　審査
1996.4.29-5.1（-）	Indonesia/PTSL
1996.5.25-6.8（15）	Tunisia/Ziatine Dam　審査
1996.10.29-11.2（15）	Vietnam/水環境F/F　SNG経由
1996.11.3-11.12（-）	Indonesia/Sector調査
1996.11.23-12.5（13）	Brazil/Tiete Riv.　中間監理　帰路SFO　機体トラブルで翌日出国
1997.1.15-1.19（8）	Tunisia/Ishkel lake環境審査　往路Frank経由
1997.1.20-1.22（-）	Deuche　援助機関（Tunisia Co-fi）
1997.2.9-2.14（6）	Sri Lanka/
1997.2.24-2.27（4）	Philippine/
1997.3.9-3.24（16）	Peru/導水事業　審査　帰路SFO経由

12カ国（延23カ国）18回241日　（　）内の数字は滞在日数

著書略歴

浦上将人《うらかみ・まさと》

一九五九年 兵庫県明石市生まれ
一九七八年 埼玉県立浦和高校卒業
一九七九年 東京大学 理科一類入学
一九八三年 東京大学 工学部 土木工学科卒業
一九八五年 東京大学 工学系研究科 土木工学専門課程（修士課程）修了
同年　建設省入省（四国地方建設局 高知工事事務所）
一九八七年 兵庫県 土木部 河川課
一九八八年 兵庫県 都市住宅部 計画課
一九八九年 建設省 都市局 区画整理課 係長
一九九一年 近畿地方建設局 和歌山工事事務所
一九九二年 近畿地方建設局 和歌山工事事務所 調査第二課長
一九九三年 滋賀県 企画部 水政室 参事
一九九五年 海外経済協力基金 開発技術部 開発第三課 課長代理
一九九七年 建設省 河川局 治水課 課長補佐
一九九八年 中部地方建設局 三峰川総合開発工事事務所 所長
二〇〇一年 財団法人ダム水源地環境整備センター 調査第二部長
二〇〇三年 北海道開発局 室蘭開発建設部 次長
二〇〇五年 中国地方整備局 岡山河川事務所長
二〇〇七年 鳥取県 県土整備部 次長
二〇一〇年 国土交通省 大臣官房付
同年　独立行政法人水資源機構 経営企画部 審議役
二〇一一年 国土交通省 大臣官房付

資格　技術士（総合技術監理部門、建設部門）

二〇一二年一月二八日　逝去

国際協力《こくさいきょうりょく》 治水インフラ整備の現場から

二〇一三年二月二〇日　第一刷発行

著者　浦上将人《うらかみまさと》
序文　高橋 裕

発行者　鹿島光一
発行所　鹿島出版会
一〇四-〇〇二八　東京都中央区八重洲二丁目五番一四号　電話 〇三（六二〇二）五二〇〇　振替 〇〇一六〇-二-一八〇八八三

デザイン＝高木達樹　　印刷・製本＝三美印刷

ISBN 978-4-306-09425-3 C3052　Printed in Japan

本書の内容に関するご意見・ご感想は下記までお寄せください。
URL : http : //www.kajima-publishing.co.jp
E-mail : info@kajima-publishing.co.jp